EVANGELISMO DE ORACIÓN

EDGARDO SILVOSO

Traducción: Janet Field
Corrección: Luis Manoukian

Diseño interior: Martín Vega
Diseño de tapa: Steve Fryer

ISBN: 978-1-4951-2715-1

CONTENIDO

INTRODUCCIÓN

VE Y CUÉNTALO EN LA PLAZA

No hay nada más extraordinario que haber nacido de nuevo, ese instante en el que nos alejamos de las tinieblas para dirigirnos a la luz, en el que vimos a Jesús con sus brazos extendidos hacia nosotros. Todos recordamos el momento en el que cruzamos el umbral de la muerte y nos encaminamos hacia la vida, el día que aprendimos que nuestros nombres habían sido escritos en el libro de la vida por Dios mismo. A su lado todo otro acontecimiento palidece. Una vez que hemos experimentado este renacimiento queremos que todo el mundo tenga la misma experiencia. Deseamos ver a nuestros seres queridos venir a Jesús. Anhelamos que desconocidos que viven en tierras lejanas lo conozcan a Él. El Espíritu Santo de Dios que ahora habita en nosotros ha puesto este deseo en nuestros corazones.

Paradójicamente, la mayoría de nosotros se paraliza con la sola idea de testificar a otros, especialmente a desconocidos. *Queremos* contarles de Jesús para que tengan la experiencia del milagro del nuevo nacimiento, pero cuando vamos a hablar, nuestros labios parecen estar sellados con pegamento y nuestras voces nos abandonan en el momento crucial. Lo hemos intentado y hemos fallado tantas veces que sentimos que nunca seremos capaces de hablarle a los demás.

El darnos cuenta de lo que nos sucede nos duele muy profundamente porque Jesús nos encomendó que lo hiciésemos y verdaderamente *queremos* agradarle a Él. Lo que es peor, nos tortura el doble dolor de fallarle a Él, y además tener la certeza de que las personas de nuestro ámbito de influencia se están yendo al infierno.

Este libro se escribió en parte para ayudarnos a vencer ese temor y a superar ese dolor. Las ideas y estrategias contenidas en estas páginas se tomaron de lecciones que yo aprendí en mi propia lucha contra la timidez y el profundo temor de hablarles a extraños. No escribo como teólogo, pues no lo soy, sino como un practicante profundamente comprometido con las Escrituras y con el cumplimiento de la Gran Comisión.

Y más importante aún, este libro está basado en las victorias de miles de hombres y mujeres que he conocido en ciudades de todo el mundo, personas como yo que hace un tiempo atrás tenían temor de hablarles a otros de Jesús ¡y que hoy están contándole a ciudades enteras acerca de Él! Estos guerreros antes vergonzosos hoy ven como sus familiares, amigos y colegas se alejan de las tinieblas para encaminarse hacia la vida, salen del dominio de Satanás para entrar en el reino de Dios. ¡Y lo están disfrutando!

Es mi esperanza y mi oración que seamos liberados y recibamos poder por los principios bíblicos enseñados en este libro, y que logremos mucho más que simplemente testificarles a las personas de nuestro círculo cercano. Mi oración es que veamos cómo nuestra ciudad completa es alcanzada para Cristo. Al leer este libro, descubriremos que puede realizarse. Mejor todavía, ¡se hará!

CAPÍTULO 1

LO QUE EL DIABLO NO QUIERE QUE SEPAMOS

Puede que estemos caídos, pero Satanás también está postrado.
El primero que se levante será el que gane la ciudad.

Si tenemos un llamado para alcanzar ciudades, es probable que estemos familiarizados con el desánimo. Muchas de las personas que trabajan en esta área de ministerio han experimentado su fuerte embate. Probablemente hayamos sentido, aunque sea por un fugaz instante, las dudas punzantes gritándonos sin misericordia que estamos persiguiendo un sueño imposible, una visión poco realista. Hemos sido derribados, y quizás temamos permanecer así hasta que termine el conteo. Si ésta es nuestra situación, tengo buenas noticias: Hay esperanza.

He participado de programas para alcanzar ciudades desde 1990, año en el que nuestro ministerio, Evangelismo de Cosecha, puso en marcha el primer proyecto en la ciudad de Resistencia, Argentina. Nuestros esfuerzos fueron fructíferos y en 1994, Regal Books publicó *That None Should Perish* [Que ninguno perezca], un libro en el que describí los principios bíblicos sobre los que se basaba el Plan Resistencia. En esa obra también introduje el evangelismo de oración como un poderoso vehículo para alcanzar ciudades.

Pronto nos encontramos metidos en más de cien ciudades en cinco continentes, organizando programas para alcanzar ciudades "a la manera de Resistencia". No nos podría haber ido mejor. Las personas eran salvas, las vidas cambiadas, y ciudades enteras estaban siendo transformadas.

No obstante, para marzo de 1999 nos encontrábamos abrumados por los tremendos desafíos, casi al punto de la desesperación. Nuestro equipo había promovido nuevos conceptos, conquistado nuevo territorio y organizado irrupciones sin precedentes en ciudades de todo el mundo; pero la intensidad de estos esfuerzos tenía su costo y nos había expuesto a ataques espirituales, así que yo estaba sintiendo las consecuencias.

En un momento de autocompasión poco saludable comencé a decirle al Señor lo mal herido que me encontraba, cuanto habían sufrido nuestra familia y nuestro equipo, qué duros habían sido los golpes y lo poco que habíamos logrado con nuestra inversión. La respuesta del Señor me sacudió: *Ed, ¡deberías ver al otro tipo! Él es el que se ve realmente mal. ¡Tú estás en el equipo ganador! Si crees que te ves lastimoso, imagínate lo mal que está el perdedor.*

En ese momento me vino a la mente una escena de la película *Rocky II*, que tiene lugar hacia el final de una culminante pelea por el título. Rocky Balboa y Apollo Creed han luchado hasta el punto de agotamiento total. Ambos están caídos, echados sobre la lona, y el árbitro ha comenzado con la cuenta regresiva. El manager de Rocky, el viejo malhumorado Mickey, grita con desesperación en los aturdidos oídos de Rocky, "¡Levántate, desgraciado! ¡Levántate!" Y continúa dando alaridos hasta que Rocky, con evidente dolor y gran dificultad, comienza a ponerse de pie mientras continúa el conteo. Bajo los implacables embates verbales de Mickey, Rocky sigue navegando las olas de la extenuación en un mar de sufrimiento. Y cuando el referí dice, "... 9... 10. ¡Fuera!" Rocky es el que está parado y Apollo el que continúa abatido en el suelo. Nuestro héroe se mantiene de pie por solo un breve momento, pero lo suficiente como para que se lo declare ganador y el nuevo campeón.

Al reflexionar sobre esta dramática escena, sentí que el Señor me decía, *¡Levántate y reclama el premio! Estás caído pero también lo está el diablo. Él no quiere que lo sepas, pero está totalmente extenuado después de tan tremenda lucha. No tiene más fuerzas, y es por eso que se empeña tanto en mantenerte enfocado en tus heridas. Ambos están caídos; pero el primero en levantarse y reclamar el premio ganará. ¡Bendito, levántate!*

Esta experiencia me permitió comprender una dinámica poderosa con respecto a las pruebas: Las pruebas requieren de dos partes ferozmente opuestas para que se desarrolle una presión dolorosa.

La presión, como una pinza, necesita dos puntos de apoyo para funcionar. Nosotros somos uno de esos puntos; el diablo es el otro. Sin embargo, en medio de estas luchas, tendemos a enfocarnos exclusivamente en el daño que nos ha provocado a nosotros o a nuestros seres queridos. Rara vez, a veces nunca, nos damos cuenta de lo que esta prueba le ha hecho al adversario. Consideremos como la mayoría de los cristianos analizan la tribulación de Job. Nos concentramos casi exclusivamente en lo que Job perdió y en la intensidad de su sufrimiento, y dejamos de ver el punto principal de este drama épico: *El diablo perdió de manera contundente ante un simple ser humano.* Satanás terminó desacreditado y humillado ante sus propios demonios. Aquello que el diablo más valora, su orgullo, yacía hecho añicos a los pies de Job.

Animémonos porque aunque suframos, *siempre* terminaremos más fuertes que el diablo. Esto también es verdad con respecto al lugar en el que nos encontramos hoy en el movimiento para alcanzar ciudades luego de una década de intensa lucha. Hemos realizado tremendos avances, y realmente han habido irrupciones sin precedentes. Es verdad, el progreso ha tenido su costo. Y Satanás quiere que nos enfoquemos en lo caro que ha sido para nosotros ¡para que no veamos cuál ha sido el costo para él! El diablo sabe que si estamos desanimados y preocupados por nuestras heridas, dejaremos de comprender lo cerca que estamos de ver el mayor derramamiento del Espíritu de Dios sobre las ciudades de este mundo que jamás se haya visto. El plan del diablo es mantenernos enfocados en *nuestro* dolor en vez de en el suyo.

El premio está al alcance

¿Por qué luchamos tanto contra el diablo? Porque él es el que ciega a los perdidos para que no perciban la verdad del evangelio.

> El dios de este siglo cegó el entendimiento de los incrédulos, para que no les resplandezca la luz del evangelio de la gloria de Cristo (2 Corintios 4:4).

Sí, luchamos contra el enemigo en otras áreas, pero ninguna de ellas es tan significativa. Satanás no puede arrancarnos de la mano del Salvador, de modo que nuestra salvación está asegurada (véase Juan 10:28). Aquello que el diablo pensó para mal, Dios lo utiliza para bien, de manera que el desenlace de nuestras pruebas y tribulaciones con seguridad será positivo (véanse Génesis 50:20, Romanos 8:28). Aun en las áreas en las que hemos pecado voluntariamente, el Espíritu Santo trabaja activamente, trayéndonos al arrepentimiento; y cuando nos arrepentimos, la sangre de Jesús borra con su gracia las marcas del pecado (véase 1 Pedro 1:2). En ninguno de estos frentes (salvación, tribulaciones y santificación) el diablo puede dañar a los seguidores de Cristo. De manera que el principal propósito de nuestras luchas contra el diablo es abrir los ojos de los perdidos al evangelio:

> Te envío a éstos para que les abras los ojos y se conviertan de las tinieblas a la luz, y del poder de Satanás a Dios
> (Hechos 26:17-18, NVI).

Esta es la *única* lucha en la que el diablo tiene oportunidad de presentar pelea. De modo que cuando me refiera al diablo en este libro, será generalmente en el contexto de su oposición al cumplimiento de la Gran Comisión. No creo que haya demonios detrás de cada arbusto ni parados en cada esquina, pero sí creo que la Biblia enseña que existen fuerzas de maldad y poderes que gobiernan sobre las tinieblas en nuestras ciudades. Estas son las fortalezas que mencionaremos aquí, porque ésta es una lucha que requiere que empleemos una herramienta poderosa como el evangelismo de oración.

Ya ha pasado una década desde que comenzamos a enseñar y aplicar los principios del evangelismo de oración en los programas para alcanzar ciudades. Durante ese tiempo vimos algunas ciudades alcanzadas para Cristo y el clima espiritual de ellas ha cambiado, al menos durante un tiempo. También hemos sido testigos de cómo muchas ciudades comenzaron a vivir el mismo proceso. Esta es una excelente noticia. Pero aún no hemos visto un fluir continuo de ciudades transformadas, y esta realidad nos duele. Cuando el diablo nos provoca con estadísticas, generalmente en nuestros momentos de vulnerabilidad, nos vemos tentados a lanzarnos al pozo de la autocompasión. Si ésta es la situación en la que nos encontramos, si nuestra ciudad no ha sido alcanzada para Cristo, ¡no saltemos! *Hay* esperanza, mucha esperanza, como iremos viendo en este libro.

Están ocurriendo cambios poderosos en la iglesia y en nuestras ciudades, transformaciones que van más allá de lo que hubiéramos imaginado unos años atrás. Estas modificaciones no son superficiales sino que son cambios de *paradigmas*. Cuando se los analiza uno a uno, los cambios pueden parecer insignificantes, pero si los consideramos como piezas de un rompecabezas que rápidamente se va armando, las implicancias revolucionarias aparecen con claridad: *La iglesia puede cambiar el clima espiritual de una ciudad*. Este redescubrimiento de principios bíblicos para alcanzar regiones enteras puede encender los programas para alcanzar ciudades, llevándolos hacia adelante y hacia arriba de una forma emocionante y nueva. Y mientras aprendemos cómo transformar la atmósfera espiritual sobre una región, el clima acogedor y de ánimo que caracteriza a las cumbres de oración y reuniones de intercesión de muchos pastores puede llegar a extenderse a través de nuestras ciudades.

La transformación de las ciudades ya no es más un anhelo distante, sino más bien una realidad que se aproxima rápidamente y puede ser la nuestra una vez que nos apropiemos de los principios bíblicos correspondientes y los pongamos en acción. El centro de esta esperanza se encuentra en una serie de cambios de paradigmas que han comenzado a acontecer dentro de la iglesia en estos últimos años, y algunos otros que están por ocurrir.

Un paradigma es una grilla conceptual a través de la que se percibe la realidad. Un cambio de paradigma es un cambio en ese esquema que nos permite ver la realidad de una manera diferente, más eficaz. Los cambios de paradigma son las bisagras sobre las que se abren las puertas a los descubrimientos y avances científicos. Por ejemplo, por miles de años el ser humano intentó volar sin éxito. Nuestros ancestros exploraron todas las maneras imaginables de lograr que el cuerpo humano volara como los pájaros en el aire. Leonardo da Vinci utilizó pegamento para cubrirse el cuerpo de plumas y, posicionado sobre el pasamanos del balcón en un segundo piso, aleteó enérgicamente con los brazos en un intento de despegar, y finalmente fracasó. Nada funcionó hasta que Wilbur y Orville Wright tuvieron un cambio de paradigma: Descubrieron que la clave para volar se encontraba en la *forma* del ala. Los hermanos Wright hallaron que el aire que fluye sobre un ala que presenta una parte inferior plana y una parte superior curvada es capaz de crear la dinámica física necesaria para levantar un vehículo desde el piso. Una vez que los hermanos Wright percibieron la realidad de una manera diferente, las personas pudieron comenzar a volar, y lo imposible se hizo posible.

Un cambio de paradigma también representa una transición irreversible en el pensamiento. Es como el rompimiento del hielo sobre un lago al comienzo de la primavera, una vez que ocurre, por minúscula que sea la rajadura, el hielo nunca recobrará su vieja forma sino que continuará resquebrajándose y rompiéndose hasta alcanzar su nuevo estado (agua). Es por esto que los cambios de paradigma que describo en este libro resultan tan significativos. La iglesia, que ya está siendo afectada por ellos, nunca será la misma. Por cierto, algunos de los nuevos paradigmas todavía no son totalmente visibles dado que se encuentran en sus etapas iniciales; pero, como aquella primera rajadura en el hielo, son irreversibles e irán haciéndose más notables. En los siguientes capítulos, identificaré y definiré diecisiete diferentes cambios de paradigmas. Algunos ya han comenzado a modificar el panorama de la iglesia y de nuestras ciudades, otros se encuentran en el horizonte. La mayoría de estos paradigmas ya han sido abrazados y apropiados por individuos dentro de la iglesia en diferentes momentos de la historia. Lo que hoy es nuevo, sin embargo, es que estos paradigmas rápidamente se están convirtiendo en la corriente de vida de la iglesia y silenciosamente le están cambiando su curso. Lo que estoy describiendo es algo así como el comienzo de la pubertad. Cuando nuestros cerebros liberaron hormonas hacia nuestras corrientes sanguíneas pueriles por primera vez, no lo sabíamos, ni tampoco entendíamos lo que estaba aconteciendo; no obstante estábamos siendo transformados. La voz, el vello, la piel, las emociones, la manera de relacionarnos con el sexo opuesto, todo se modificó drásticamente. Algo parecido a esto le está ocurriendo a la iglesia hoy. La iglesia que se está levantando como resultado del nuevo paradigma es más fuerte, más sana, más poderosa y es capaz de transformar a nuestras ciudades para Cristo a través de un cambio de clima espiritual. De esto trata este libro. Oro fervientemente para que a medida que leamos, recibamos ánimo y fortaleza, y seamos equipados para llevar el evangelio a nuestro barrio, a nuestra ciudad, a nuestra nación y más allá todavía.

> ***La iglesia que se está levantando como resultado del nuevo paradigma es más fuerte, más sana, más poderosa y es capaz de transformar a nuestras ciudades para Cristo a través de un cambio de clima espiritual.***

Como el manager de Rocky, yo te digo: "¡Levántate soldado bendito! ¡Levántate! Puede que estés caído, pero Satanás también está postrado, y el primero en levantarse ganará ciudades. Levántate y reclama el premio. ¡Tu ciudad está esperando ser alcanzada!"

Cambios de paradigma y los actos proféticos

Encontramos actos proféticos a través de toda la Biblia. Dios le indicó a Jeremías que se dirigiese a la casa del alfarero para que viera una vasija rota y vuelta a formar para enseñarle cómo Dios cambia lo natural a través de lo sobrenatural (véase Jeremías18:1-10). En otra ocasión se ató una piedra a un libro de profecías para echarlo al río Éufrates como ilustración del inminente juicio de Dios contra Babilonia (véase Jeremías 51:60-64).

La institución de la Cena del Señor también fue un acto profético. Jesús partió el pan y bendijo la copa como símbolo no tan solo de su inminente muerte sino también de la resurrección que fluiría de ella. En lo natural, la traición (por parte de Judas), el alejamiento (por parte de los discípulos) y el abandono (por parte de Dios) fueron factores preponderantes de la muerte de Cristo en la cruz. Sin embargo, a través de este acto profético, Jesús construyó un puente de fe hacia una nueva realidad de redención y reconciliación. Los actos proféti-cos son importantes y poderosos agentes de cambio.

Generalmente, en su primera etapa, un cambio de paradigma se insinúa a través de un acto profético. Y para comprender los cambios de paradigma acabadamente, necesitamos comprender su inicio en los actos proféticos. Un acto profético es reproducir en un microcosmos una verdad que no es evidente en el correspondiente macrocosmos. Es una parábola viviente en la que los participantes abrazan y representan una verdad que se niega o que recibe oposición en el contexto más grande. Por ejemplo, cuando un grupo de pastores blancos humildemente lavan los pies de pastores de otras razas y ruegan su perdón por el horrible pecado del racismo, esa acción constituye un acto profético. Este gesto en sí mismo es demasiado pequeño como para sanar el flagelo del racismo; pero constituye un hecho representativo lo suficientemente poderoso como para lanzar o facilitar el proceso de sanidad que finalmente llegue a erradicar el racismo. Se nos instruye a no menospreciar los pequeños comienzos (véa-se Zacarías 4:10). Los pequeños comienzos, como el arroyito que al final se une a otros para formar el imponente río Amazonas en Sudamérica, tienen un potencial intrínseco para expandirse exponencialmente. Un cambio de paradigma, pequeño al comienzo cuando se presenta por medio de un acto profético, *nunca* es irrelevante. Es incalculable cómo un casi imperceptible cambio de paradigma puede transformar todo lo que nos rodea. Esto es lo que sucedió en mi ciudad natal en 1997.

Yo nací y crecí en la ciudad de San Nicolás, Argentina. De adolescente, me sentaba a la orilla del río Paraná los jueves al atardecer para conversar con Dios acerca del avivamiento. Durante los años '60 y '70 mi ciudad se convirtió en un faro de esperanza mientras la iglesia y sus muchas congregaciones crecían e infiltraban los estratos sociales de la ciudad con la luz del evangelio. Muchísimas vidas eran cambiadas. En los barrios surgieron nuevos edificios de iglesias. Una nueva tanda de pastores se unió a los antiguos para cuidar del creciente número de nuevos convertidos, ¡hasta que sucedió algo que resultaba intrigante al principio pero fue catastrófico al final!

Una entidad espiritual que se disfrazó de María, la madre terrenal de nuestro Salvador, "se le apareció" a una humilde mujer del lugar. La aparición conocida como la Reina del Cielo tomó la forma de una virgen llorando y surgían lágrimas en el rostro de mármol de una estatua de María. Ese fue el comienzo del fluir de multitud de peregrinos a San Nicolás, y pronto se había construido un santuario. Desafortunadamente, mientras florecía este nuevo culto, la ciudad se marchitaba. Grandes industrias debieron cerrar. El comercio se paralizó. Se incrementó el crimen hasta superar la capacidad de control de la policía. Ocurrieron desagradables divisiones dentro de las iglesias. Pastores fallecieron prematuramente, la supervisión pastoral de la ciudad se hizo inexistente, y el clima espiritual comenzó a ser hostil. Nuestra ciudad que brillaba en lo alto, por decirlo espiritualmente, se desmoronó convirtiéndose en un valle de desesperación; el oasis espiritual se convirtió en desierto.

Sin embargo, el 21 de julio de 1997 todo esto comenzó a cambiar a través de un acto profético. Nuestro equipo de Evangelismo de Cosecha, juntamente con 360 delegados de los cinco continentes, nos reunimos con los pastores y ancianos de la iglesia en San Nicolás en las siete puertas de la ciudad para realizar un acto profético que constaba de tres partes.

En primer lugar, nos arrepentimos públicamente por el pecado dentro de la iglesia, que a su vez había permitido el ingreso del catastrófico pecado a la ciudad. El Dr. Charles H. Kraft escribe que los demonios son como las ratas que infestan una casa porque son atraídos por la basura espiritual que existe en el interior. Si tenemos problemas con las ratas, no culpemos a las ratas. Es nuestra basura. Quitemos la basura y las ratas se irán a otra parte. Los pastores de San Nicolás asumieron la responsabilidad total, porque ahora comprendían que cada problema grande dentro de la ciudad (macrocosmos) es *siempre* una expresión magnificada de los problemas no resueltos dentro de la iglesia (microcosmos). Las tinieblas solo pueden prosperar en ausencia de la luz.

En segundo lugar, en las puertas de la ciudad declaramos en oración unida que la ciudad de San Nicolás pertenecía a Dios. Luego los pastores clavaron estacas inscriptas con promesas bíblicas en la tierra en cada una de las puertas. Se turnaron con el martillo, y acompañaban cada golpe con una expresión profética. Se dijeron audiblemente y en fe declaraciones tales como: "San Nicolás es una ciudad de victoria y no de derrota" y "Jesús es el Señor de la ciudad, no la Reina del Cielo".

En tercer lugar, se leyó una proclamación que establecía que San Nicolás pertenecía al Señor que compró la ciudad con su sangre y que era el que la guardaba con su gracia. La proclamación se transmitió por toda la ciudad a través de la radio.

Este ejercicio fue seguido de reuniones unidas de las iglesias al día siguiente y de tres transmisiones radiales por las noches, desde el lunes hasta el miércoles. Las transmisiones tenían por anfitriones a los pastores que representaban la composición denominacional de la iglesia en la ciudad. Estas transmisiones permitían que los creyentes en toda la ciudad pudieran hacer tres cosas: (1) dedicar sus hogares como faros de oración el día lunes; (2) hacer limpieza espiritual de sus hogares el día martes; y (3) hacer una caminata de oración por sus barrios el día miércoles. Al final de estos tres días, había faros de oración en cada barrio, y se había orado por la ciudad entera. Muchos llegaron a conocer al Señor en una feria de oración que se realizó el siguiente sábado, y la semana culminó con una poderosa y conmovedora reunión de Santa Cena unificada el día domingo.

¿Los resultados? Esa semana el nivel de crimen se redujo muy notablemente. En verdad, no se reportó ni un solo crimen grave. Aquellos pastores que habían sido partícipes de las divisiones se arrepintieron públicamente e hicieron restitución a los que habían agraviado. Los medios abrieron sus puertas a la iglesia. Funcionarios de gobierno pidieron oración por asuntos personales y solicitaron que se realizaran reuniones de oración en los edificios de gobierno. Y lo mejor de todo, los pródigos volvieron a Cristo, y los que no creían pedían ser guiados al Señor. En tan solo una semana, el clima espiritual de una ciudad había cambiado dramáticamente.

Pero esto no terminó allí. Muchos de los 360 delegados que nos visitaban regresaron a sus países de origen en los cinco continentes y realizaron actos proféticos del estilo obteniendo resultados similares. Hoy en día, muchísimas ciudades han experimentado un cambio positivo en el clima espiritual como resultado indirecto de lo que se llevó a cabo en San Nicolás, una cosecha imponente que tuvo como génesis la humilde semilla plantada primeramente en mi ciudad natal. El 16 de octubre de 1999, desde Madison Square Garden en Nueva York, transmitimos a 562 canales de televisión en 50 estados para promover por todos los Estados Unidos aquello en que los pastores en San Nicolás habían sido los precursores.

Al momento de llevarse a cabo esos eventos, no veíamos con claridad la implicancia que tendrían nuestros actos proféticos; pero ahora, con la perspectiva que brinda el tiempo, podemos comprender por qué ha ocurrido tanto en tan poco tiempo en San Nicolás y por qué estas cosas maravillosas siguen ocurriendo por todo el mundo. Los cambios en los paradigmas han hecho que esto sea algo inevitable. Los actos proféticos de los pastores en San Nicolás fueron poderosos, no en sí mismos, sino porque produjeron un conducto para expresar en la tierra aquello que Dios ya había decretado en el cielo.

Los actos proféticos son poderosos porque expresan en la tierra aquello que Dios ya ha decretado en el cielo.

El poder de los actos proféticos

¿Por qué son tan poderosos los actos proféticos? Cuando se lo pregunté al Señor, me llevó a Juan 8:44, donde Jesús habla con los fariseos diciendo:

> Vosotros sois de vuestro padre el diablo, y los deseos de vuestro padre queréis hacer. El ha sido homicida desde el principio, y no ha permanecido en la verdad, porque no hay verdad en él. Cuando habla mentira, de suyo habla; porque es mentiroso, y padre de mentira.

El contexto aquí es el de incredulidad religiosa. Jesús habla con los líderes religiosos que tercamente se niegan a aceptar la verdad que Él predica. Cuando Jesús dice que el diablo no puede permanecer en la verdad porque no hay verdad en él tenemos la clave para comprender el poder de los actos proféticos.

Cuando leemos que el diablo es un mentiroso, suponemos que nos miente a nosotros pero no a sus subalternos. Si el diablo les hablara la verdad a sus demonios, tendría que revelarles ciertos detalles desagradables respecto al fin de los tiempos, asuntos como el lago de fuego, su fin eterno y la derrota absoluta de Satanás. Si él les llegase a notificar de su destino final, es de suponer que sus tropas no lucharían tan vehementemente por él.

El principal propósito de una mentira siempre es ejercer alguna forma de control sobre la persona a la que se le miente. La verdad es siempre más poderosa que las mentiras; de modo que los que creen una mentira vienen a estar, dentro del alcance de la mentira, bajo el control del que miente. En el caso de los fariseos, no comprendían las palabras de Jesús porque habían aceptado una mentira en vez de la verdad. Por siglos el diablo ha dicho las mismas mentiras: "Los cristianos blancos nunca se arrepentirán ni harán restitución a las personas de color a las que han agraviado a través de los tiempos. Los gentiles nunca amarán a los judíos. Los hombres nunca honrarán ni respetarán a las mujeres y solamente desearán explotarlas".

Tales aseveraciones absurdas se hacen más creíbles cuando se sostienen en el odio validado por el egocentrismo humano. Eso fue lo que ocurrió en Norte América cuando en un tiempo, la Corte Suprema determinó que los negros no eran iguales a los blancos ante la ley; y en Europa, donde la iglesia no denunció ni se opuso a la limpieza étnica asesina. En tales casos las mentiras del diablo se incorporan a la fibra cultural de una nación.

Por otra parte, si, aunque sea un grupo pequeño conformado por personas afectadas por tales mentiras, realiza un acto profético que ejemplifique y declare lo opuesto a lo que aquella mentira proclama, se dibuja un círculo de verdad alrededor del diablo, exponiendo así su conspiración para que todos lo puedan ver, porque él no puede permanecer en la verdad.

Para tener éxito, un mentiroso debe disimular el hecho de que es mentiroso; de lo contrario nadie creerá sus mentiras. El diablo evita la verdad para que no se descubra lo que está ocultando. Un acto profético logra exactamente eso, cambiar y finalmente exponer, gracias a la introducción de la verdad, el enredo de mentiras cuidadosamente orquestado por el diablo.

Nuestra oportunidad llega una vez que la mentira es expuesta y se quita su aura de inmutabilidad. Aunque las circunstancias en lo natural puedan parecer iguales, un acto profético llama las cosas que no son como si ya fuesen. En una acción de guerra espiritual dirigida al diablo, confesamos con nuestras bocas aquello que en nuestros corazones hemos elegido creer. Esto se entiende claramente en Apocalipsis 12:11, en donde se nos dice que el diablo está vencido por medio de la sangre del Cordero, de la palabra del testimonio (confesar) y de un compromiso de guerra tan intenso que nos lleva a despreciar nuestras vidas hasta la muerte.

La verdad espiritual nunca puede permanecer inactiva; debe ser anunciada. Y cuando esto ocurre, la verdad desafía y finalmente cambia a aquello que se le opone. Como resultado, lo que parecía imposible (a través de la mentira de Satanás) ahora se hace posible (a través de la verdad de Jesús) no únicamente en ese momento y lugar sino de aquí en adelante. Como las ondulaciones en una laguna, la verdad proclamada se transmite hacia afuera en circunferencias cada vez más expandidas que han sido puestas en movimiento por el acto profético inicial.

Cuando logramos agujerear la oscuridad, al principio la luz apenas se filtra por ese agujero. Pero ese haz sigue extendiéndose hasta que el manto de oscuridad que alguna vez fuera impenetrable finalmente se disipa. Es por esto que un acto tan simple pero de tanto coraje no solo destruyó el incuestionable engaño de Satanás en San Nicolás (que la ciudad era suya y que nada cambiaría el estatus quo espiritual jamás), sino que continúa sembrando esperanza por todo el mundo.

Los cambios de paradigma que trataremos en este libro surgieron, por lo general, como actos proféticos. Pequeños, aislados y aparentemente insignificantes aunque no irrelevantes, estos actos dieron a luz algo que sigue expandiéndose y creciendo. Lo que en un comienzo eran pequeños arroyos en zonas remotas de la jungla se están uniendo paulatinamente para forjar ríos poderosos. Vengan conmigo mientras exploramos estos arroyos y este río para determinar lo que ha sucedido hasta ahora, cuanto más está y estará sucediendo y cuan cerca estamos de reclamar el premio.

Pero, primeramente nos debemos equipar con una herramienta muy importante que hace posible el viaje: el evangelismo de oración.

CAPÍTULO 2

EVANGELISMO DE ORACIÓN SEGÚN JESÚS

Antes de que seamos capaces de cambiar el clima espiritual que impera en nuestras ciudades, es preciso que tengamos conocimiento práctico de una de nuestras herramientas primarias: el evangelismo de oración. Presenté el concepto de evangelismo de oración en *That None Should Perish* [Que ninguno perezca] en 1994, pero desde entonces hemos aprendido mucho en el frente de batalla aprovechando esta poderosa arma. Varios años de trabajo codo a codo con pastores y líderes en ciudades de todo el mundo han contribuido tremendamente a enriquecer la comprensión inicial que teníamos de este concepto.

Para decirlo de una manera simple, evangelismo de oración es hablar con Dios acerca de nuestros vecinos antes de hablar con nuestros vecinos acerca de Dios. Esta definición, adoptada por Beverly Jaime, nos ha ayudado a tranquilizar a miles de cristianos que tienen el deseo genuino de testificar a los perdidos pero se sienten incompetentes o temerosos de anunciar el evangelio con ellos.

Conozco muy bien esa sensación de incapacidad; me solía atormentar cuando era un cristiano muy nuevo. Poco tiempo después de mi conversión, un evangelista que estaba de visita en nuestra iglesia, anunciaba golpeando el púlpito: "¡Nadie debería escuchar el evangelio dos veces hasta que todos lo hayan podido escuchar una vez! De manera que, como todos ustedes lo han escuchado más de una vez, yo no les predicaré. En lugar de eso, los organizaré en grupos de a dos para que vayan a testificar puerta por puerta a aquellos que aún no lo han oído". En ese momento el pánico se apoderó de mí, me hallé deseando, tontamente, que un terremoto, un tornado, una inundación, o *cualquier catástrofe natural* alcanzara nuestra ciudad con tal de que yo no tuviese que salir a testificar a personas desconocidas.

¿Por qué esta reacción tan negativa? No es que no deseara hablarles del Señor, sino que tenía temor de entablar una conversación con gente a la que no conocía. Yo era una persona tímida, de modo que aunque hubiera logrado reunir el coraje suficiente para *intentarlo*, el temor al rechazo me habría inmovilizado de todos modos.

Finalmente resultó que no hubo ni una inundación ni un terremoto para aliviar mi ansiedad. Comencé entonces a anhelar fervientemente que la persona con la que me tocara salir a testificar fuese un individuo vivaz, encantador y conversador, alguien al que yo pudiera decirle: "Evidentemente tú tienes el don y la unción para el evangelismo puerta a puerta. Acércate tú a las personas y háblales, y yo me mantendré discretamente detrás de ti para orar por ambos". Pero no ocurrió de esta manera.

Aunque era penosamente vergonzoso, mis pares siempre me habían considerado un líder (un líder tímido, pero líder no obstante). Hasta donde yo puedo recordar, siempre se ha esperado que liderara. De manera que, bajo la mirada atenta del fogoso evangelista, mi pastor me dijo: "Ed, vamos a ponerte en equipo con un cristiano más joven para que tú puedas mostrarle como se hace". ¿Yo? ¿Mostrarle a otro cómo hacerlo? ¡Ni yo mismo sé cómo testificar! Pero muy pronto me hallé junto a mi joven a cargo acercándonos a una puerta que para mí se asemejaba a la entrada a una guarida de leones.

Bajo la mirada llena de admiración de mi alumno, golpeé la puerta lo más suave posible, deseando fervientemente que no hubiese nadie en casa. Se escuchaban pasos acercándose, y yo anhela que fueran los de un niño de no más de tres o cuatro años, para que pudiese sentarme con él y hablar por espacio de una hora mientras las otras personas de nuestra iglesia visitaban el resto de la cuadra.

¡Estaba tan avergonzado de mi cobardía! El temor y la vergüenza resultan una combinación letal para un evangelista aspirante. Aun cuando yo deseaba hacer grandes cosas para Dios, me sentía amenazado ante la perspectiva de tener que presentarles el evangelio a personas desconocidas.

Sin embargo, todo eso cambió el día que descubrí el dinámico principio bíblico del evangelismo de oración.

Evangelismo de oración en cuatro pasos sencillos

> En cualquier casa donde entréis, primeramente decid: Paz sea a esta casa... En cualquier ciudad donde entréis, y os reciban, comed lo que os pongan delante; y sanad a los enfermos que en ella haya, y decidles: Se ha acercado a vosotros el reino de Dios (Lucas 10:5, 8, 9).

Los principios del evangelismo de oración se enseñan en varios lugares en la Biblia, pero el modelo más completo se encuentra en este pasaje. Esta es la única ocasión en los Evangelios en que Jesús explica en detalle un método evangelístico. Nos insta aquí a que hagamos cuatro cosas por los perdidos:

1. Declarar paz sobre ellos.
2. Tener comunión con ellos.
3. Ocuparnos de sus necesidades.
4. Proclamar las buenas nuevas.

El primero de estos cuatro pasos abrirá la puerta al segundo paso y así sucesivamente. Es muy importante que comprendamos que estos escalones están interconectados y que, para ser eficaces, se deben implementar en el orden dado. También veremos por qué esto es así. Este método de cuatro pasos resultó ser tan exitoso que muy poco después de que Jesús se los enseñara a sus discípulos, multitudes llegaron a creer en Jesús y los demonios se rindieron en masa ante un manojo de evangelistas principiantes. Desafortunadamente, estos no son los resultados que vemos hoy en día cuando evangelizamos. ¿Cuál es el problema? En vez de seguir el método de cuatro pasos de Jesús, invertimos el orden para comenzar con el último paso, testificar, y nos salteamos la bendición, la comunión y el ocuparnos de ellos; pasos que deben preceder a las buenas nuevas. En la mayoría de los casos, este método no funciona.

Tocamos una puerta motivados muchas veces por la culpa o como en mi caso, por la presión. Si esa puerta se abre unos centímetros, logramos tres minutos de atención renuente. ¡Pero desperdiciamos dos minutos y medio explicando la diferencia que existe entre nosotros y los Testigos de Jehová!

¿Por qué motivo deberían las personas de esa casa creer que nosotros, unos completos extraños, nos vamos al cielo mientras ellos se encaminan al infierno? ¿Por qué deberían creer que la Biblia es la palabra de Dios? Para ellos, la Biblia no presenta ninguna diferencia con el libro Mormón, los dichos de Buda o de Mao. ¿Qué credibilidad nos avala para pretender que crean cualquier cosa que digamos? Para tener credibilidad es necesario que se dé un proceso. Aquí es donde aparece el evangelismo de oración.

El comienzo del proceso prescripto por Jesús nos insta a convertirnos en pastores de las personas que se encuentran en nuestro ámbito de influencia. Quizás ellas no sean conscientes de que somos sus pastores, pero nosotros sí debemos saber que son nuestras ovejas. Tenemos que comenzar por ocuparnos de ellas. Esta actitud es el centro de la estrategia de Jesús.

Es preciso hacer la paz con los perdidos

El método de evangelismo de Jesús nos insta a que primeramente declaremos paz sobre los perdidos. Esto es importante por al menos tres motivos:

Razón 1: Necesitamos declarar paz porque nosotros, como cristianos, hemos estado en guerra con los perdidos. Muy a menudo la bandera bajo la que nos hemos acercado a los que no son salvos en este mundo ha sido: "Arrepiéntete o arde". Desafortunadamente tenemos una tendencia a sentir un fuerte desagrado por los pecadores, y esto muy pronto les resulta evidente. Nuestras actitudes belicosas no le hacen ningún favor a Jesús, que en sus días en la tierra se alegraba de ser conocido como amigo de pecadores. Si Jesús es amigo de ellos, nosotros no podemos constituirnos en sus enemigos.

Me percaté de mi propia beligerancia hacia los perdidos la primera vez que traté de implementar la estrategia de Lucas 10 en nuestro barrio. En vez de reclamar las promesas de Dios para tratar con los problemas que yo veía en las vidas de mis vecinos, le hablé a Dios respecto a todo lo que estaba mal en la vida de ellos. Me dirigí a Él lleno de indignación respecto a la madre soltera y como ella *tenía* que cambiar porque era un muy mal ejemplo para mis hijas. Le exigí que hiciera algo con la pareja que nos mantenía en vilo por las noches con sus discusiones y peleas. Me quejé por la vecina depresiva que poseía un jardín vergonzoso que desvalorizaba las propiedades de la cuadra. Y por supuesto no me olvidé del jovencito drogadicto. Le expliqué claramente al Señor lo perjudicial que resultaba este muchacho para nuestro barrio.

De repente, sentí que Dios me decía: "Ed, cuánto me alegro que no les hayas testificado a ninguno de estos todavía".

Sorprendido le pregunté, "Señor, ¿por qué?"

Su respuesta fue muy aleccionadora: "Porque no quiero que tus vecinos sepan que tú y yo estamos emparentados. A mí me duele lo que a ellos les duele. Yo les extiendo mi mano. Constantemente les extiendo mi gracia. Yo soy el Dios que hace que el sol se levante de igual manera sobre justos e injustos. Yo los amo. Pero tú no los amas. A ti te molestan. En vez de salir en su defensa como su abogado, actúas como un testigo de la fiscalía, o como el propio abogado querellante". Luego me reprendió diciendo: "Ed, si tú no los amas, yo no puedo confiarte sus vidas".

Allí mismo, en la vereda de mi propio barrio, sintiendo tremenda convicción del Espíritu Santo, clamé al Señor pidiendo un corazón que fuera más parecido al suyo.

Predicar la verdad sin amor es como darle un buen beso a alguien cuando tenemos mal aliento. No importa que tan bueno sea el beso, ¡lo único que recordará la persona que lo ha recibido será el hedor! Esto es lo que ocurre cuando, enojados o llenos de indignación, les decimos a los perdidos lo terrible y depravada que es su vida, y que con toda seguridad se irán al infierno. Aun cuando esto pueda ser verdad, nuestro enfoque negativo bloquea y distorsiona el mensaje central de la Biblia: que Dios envió a su Hijo, no a condenar el mundo, sino a salvarlo (véase Juan 3:17).

Razón 2: Si bendecimos a los perdidos, dejaremos de maldecirlos. No nos damos cuenta cuan a menudo maldecimos a otros, de lo contrario dejaríamos de hacerlo. Cuando decimos: "La señora de enfrente de casa es una borracha, se va a morir de cirrosis", la estamos maldiciendo. Cuando señalamos a los adolescentes descontrolados y nos quejamos: "Son un fastidio y unos imbéciles que beben y manejan, que experimentan con drogas, así se van a matar en cualquier momento", los estamos maldiciendo. Cuando pronunciamos bendiciones sobre nuestros vecinos, nuestra ciudad se engrandece (véase Proverbios 11:11). Pero cuando maldecimos a nuestros vecinos, trastornamos la ciudad, comenzando por la cuadra en la que vivimos.

Razón 3: Declaramos paz para neutralizar a los demonios a los que se les ha asignado la tarea de cegar a nuestros vecinos para que no perciban la luz del evangelio. La Biblia explica claramente el motivo por el que todas las personas en nuestro ámbito de influencia aún no han llegado al Señor: "el dios de este siglo [el diablo] cegó el entendimiento de los incrédulos, para que no les resplandezca la luz del evangelio" (2 Corintios 4:4). Esto significa que el diablo los ciega *activamente*, porque la luz no se puede bloquear de manera pasiva. Como Satanás no es omnipresente, no puede estar en más de un lugar a la vez, entonces, ¿cómo logra cegar las mentes de millones de personas simultáneamente? Utiliza a los demonios tal como se observa en la parábola del sembrador; allí se nos dice que después de que se planta la semilla, las aves del cielo (que representan al diablo y sus fuerzas) vienen y se la roban (véase Lucas 8:5, 12).

El apóstol Pablo coloca la tarea de abrir los ojos de los perdidos directamente sobre nuestros hombros, dentro de un contexto de evangelismo y guerra espiritual:

> ... Te envío a éstos para que les abras los ojos y se conviertan de las tinieblas a la luz, y del poder de Satanás a Dios
> (Hechos 26:17-18*a*, NVI).

Pablo no deja lugar a dudas respecto al rol activo de Satanás y sus demonios para cegar a los perdidos para que no vean la luz del evangelio. Por lo tanto, es preciso que conozcamos de qué manera deshabilitar el poder demoníaco sobre aquellos que estamos tratando de alcanzar.

Para ser eficaces al tratar con nuestros enemigos espirituales, no podemos cederles poder acercándonos a los perdidos con cólera. La Biblia es clara al enseñar que nuestro enojo sin resolver da lugar al diablo dentro de nuestro ámbito de influencia (véase Efesios 4:26-27). Nuestras maldiciones solo fortalecerán el poder demoníaco sobre aquellos a los que estamos tratando de salvar. Para revertir esta situación, debemos renunciar a nuestra ira y comenzar a declarar paz a los perdidos.

Las bendiciones son más poderosas que las maldiciones porque las maldiciones se pueden romper. En el partido de poker celestial, una mano de bendiciones siempre le gana a una mano de maldiciones. Una atmósfera de bendición debilita el poder de los demonios, y muy pronto dejan sus cartas y se retiran de la mesa de juego.

> ***Las bendiciones son más poderosas que las maldiciones porque las maldiciones pueden ser rotas. En el partido de poker celestial, una mano de bendiciones siempre le gana a una mano de maldiciones.***

Paz tangible

Cuando declaramos bendición sobre aquellos que se encuentran en nuestro ámbito de influencia, tarde o temprano las personas que solían evitarnos comenzarán a buscarnos, abriendo la puerta para que tengamos comunión con ellos (segundo paso de este proceso). Esto ocurre porque realmente pueden sentir las bendiciones que hemos proclamado sobre ellos. Jesús describe este tipo de paz como algo casi tangible:

> Primeramente decid: Paz sea a esta casa. Y si hubiere allí algún hijo de paz, vuestra paz reposará sobre él, y si no, se volverá a vosotros (Lucas 10:5*b*-6).

Es posible que nuestros vecinos se acerquen a nosotros y digan algo como: "Cuando te veo pasar, siento buena vibra". Eso significa paz en la jerga de la Nueva Era. Y lo que quieren decir es que en tu presencia sienten algo tangible, ¡y les gusta!

Una señora cristiana en Inglaterra no había podido conocer a su vecina que estaba postrada en cama debido a una grave enfermedad. Sin embargo, cada jueves ella y otras mujeres creyentes declaraban paz sobre ella desde su casa del otro lado de la calle. Esto continuó durante varios meses hasta que un día, sorpresivamente la mujer no creyente apareció con sus hijos en la puerta de la casa de la mujer cristiana.

Le dijo: "He venido a agradecerte por las bendiciones que me enviaste, porque gracias a esas bendiciones, yo estoy sana". Sorprendida, la mujer cristiana le preguntó como se había enterado de las bendiciones. "Bueno, las sentía venir cada semana. Por favor cuéntame más sobre esto". Así que no hubo ninguna dificultad en conducir a esa señora y sus hijos a Cristo.

Si accidentalmente me interpongo delante de algún vehículo en la autopista, a menudo puedo sentir las maldiciones silenciosas del otro conductor, aunque él no haga ningún gesto obsceno ni toque su bocina con furia. Lo siento primeramente en la nuca y luego en mi interior porque "el clima de mi alma" recibe el efecto negativo. Si un hijo de Dios es capaz de sentir una maldición activada por los poderes de las tinieblas, ¿cuánto más sentirán los perdidos la bendición que viene con el poder de la sangre que vertió Jesús en el Calvario? Es por esto que cuando bendecimos a nuestros vecinos, ellos comienzan a acercarse porque se *sienten* bendecidos. Los pecadores amaban estar cerca de Jesús simplemente porque había algo en Él que los atraía. Nuestros vecinos deberían sentir lo mismo respecto a nosotros, ya que somos sus representantes en la tierra (véase Lucas 10:16).

Comunión bilateral

Una vez que hayamos roto el hielo con nuestros vecinos, no nos apresuremos a transmitirles el evangelio. La comunión es el próximo paso, no la proclamación. Si hemos invitado a cenar a estos pecadores que anteriormente teníamos descuidados, no les tendamos una emboscada con las cuatro leyes espirituales entre las hamburguesas y la tarta de manzanas. Seamos pacientes. Quizás nos preguntes, *¿de qué vale tener comunión con los perdidos si no vamos a predicarles el evangelio a ellos?* La comunión nos da una buena oportunidad para demostrar aceptación incondicional al recibir a nuestros vecinos tal como son en vez de cómo quisiéramos que fuesen.

Muy a menudo, nos mostramos decididamente poco cristianos en nuestra interacción con los perdidos, en especial con los pecadores calificados, aquellos de potencia industrial. Apenas los soportamos, y dejamos bien en claro que no vemos la hora de que cambien y se parezcan más a nosotros. Esta es una actitud destructiva que no corresponde a Cristo ni a su Reino. Para modificar esta conducta, debemos pasar tiempo con nuestros vecinos, no para ser condescendientes y tratar de convertirlos sino para *recibir* de ellos: "Y posad en aquella misma casa, comiendo y bebiendo lo que os den…" (Lucas 10:7). Jesús nos instruye a comer y beber todo lo que nuestros vecinos nos inviten. Su modelo de evangelismo insta a una comunión bilateral, enfatizando el recibir más que el dar unilateralmente.

Uno de los peores errores que cometemos cuando evangelizamos es desvalorizar a los que no son salvos como si no tuvieran ningún valor por el hecho de no ser cristianos. Además de ser incorrecta, esta actitud también es muy degradante y solo logra ensanchar la brecha entre ellos y nosotros. Peor aún, agranda el abismo que existe entre ellos y Jesús, al que representamos.

Jesús siempre trataba a los pecadores con respeto. Cuanto peores eran los pecadores (Zaqueo o la mujer adúltera) a menudo mayor era la dignidad con la que los trataba. De manera que nunca deberíamos relacionarnos con los perdidos como si fueran personas carentes de valor. No importa cual es su calificación como pecadores, los perdidos siempre tienen valor como seres humanos porque *fueron hechos a la imagen de Dios.*

La comunión bilateral nos indica la dirección correcta. Cuando permitimos que los no creyentes hagan algo por nosotros, afirmamos su valor y dignidad como creación y diseño de Dios. En el tiempo de Jesús, la costumbre era ofrecer comida y albergue a las visitas, aunque fueran desconocidas. Hoy en día, jugar un partido de fútbol, reunirse para comer, trabajar juntos en algún proyecto de fin de semana u organizar una feria americana en el garaje entre varias familias, nos permite tener a nuestros vecinos cerca para declarar bendición sobre ellos.

La pesca requiere paciencia

Bendecir a los pecadores abre la puerta a la comunión, y la comunión finalmente nos lleva al tercer paso: la oportunidad de brindar respuesta a sus necesidades. Esto solo va a ocurrir después de que confíen en nosotros lo suficiente como para revelarnos sus necesidades. Una vez que existe esta confianza, quizás nos confíen que su matrimonio aparenta ser saludable en la superficie pero por dentro se está pudriendo. Tal vez nos hablen de su temor a perder el trabajo o busquen nuestra ayuda para tratar con alguna adicción que no pueden vencer. Aquellos vecinos antes distantes, comenzarán a abrirnos su corazón porque presienten que tenemos una respuesta para darles. Y pedirán nuestra ayuda porque ahora tienen pruebas tangibles de que verdaderamente son importantes para nosotros.

Es en ese preciso momento que les podemos decir: "He estado orando por ti, y con mucho gusto oraré por esto también". Es posible que pensemos: *¿No deberíamos guiarlos al Señor primeramente?* Sin embargo debemos comprender que lo que nuestros vecinos nos transmiten en ese momento es su necesidad más imperiosa, en otras palabras, su necesidad más profunda. Obviamente que la necesidad más importante es la salvación, pero ellos todavía no lo saben.

No obstante, a través de sus carencias más hondas, Dios crea una avenida para mostrarles que Jesús realmente es amigo de los pecadores y que Él vino a salvarlos y no a condenarlos.

¿Y qué pasa si oro y no sucede nada?, podremos preguntarnos. *No quiero que se dañe la reputación de Dios.* Si insistimos en tener la certeza de que Dios va a responder antes de decidirnos a orar, nos estamos equivocando. Nosotros solo debemos prometer oración, no una respuesta a la oración. La oración es el rastro más tangible de la eternidad en el corazón humano. Cuando oramos por sus necesidades, llegamos con nuestros vecinos al nivel más profundo, al nivel del corazón. Esto es lo más cerca que podemos llegar. Tarde o temprano ellos lo percibirán. Seamos pacientes. Aun el pescador más experimentado no puede obligar al pez a morder el anzuelo.

Nuestro temor a arruinar la reputación de Dios a causa de las oraciones no respondidas es infundado ya que los no creyentes, aun en el nivel más rudimentario, ¡entienden la oración mejor que nosotros! Saben que están metidos en un problema para el que no tienen ninguna solución. Sospechan que alguien más grande y más poderoso tiene la respuesta, pero no saben cómo llegar a él. Es por eso que ofrecer oración en un momento de crisis *siempre* es bienvenido, porque establece una conexión entre estos dos puntos en sus mentes.

Supongamos que tenemos un problema que solamente el presidente de los Estados Unidos puede solucionar. Él es la persona que posee el poder y los recursos para resolver nuestro dilema, pero no conocemos al hombre, y él tampoco nos conoce. No tenemos idea de cómo comunicarle nuestra necesidad. Entonces, en la hora de mayor desesperación, alguien nos comenta que tiene un muy buen amigo que justamente es el jefe del equipo de limpieza de la Casa Blanca y que justo él limpia el Salón Oval todos los días. Luego nos propone que escribamos una carta al Presidente con respecto a nuestra necesidad y que él se la entregará a su amigo para que la coloque en el escritorio del Presidente. Si eso sucediera, ¿diríamos?: "Está bien, pero antes de escribir la carta, tienes que asegurarnos que el Presidente la leerá y concederá nuestra petición. Salvo que prometas que lo hará, no escribiremos nada". Nunca responderíamos de este modo porque estaríamos agradecidos por el solo hecho de que se hubiera acercado a nosotros con una potencial solución cuando no teníamos ninguna. Los no creyentes tienen la misma actitud hacia la oración. Saben que Dios posee una solución, pero no tienen su número de teléfono. Si nosotros estamos dispuestos a hacer la llamada telefónica de parte de ellos, estarán muy agradecidos, sea cual fuere el resultado, especialmente porque somos nosotros los que hacemos el esfuerzo.

Las prioridades de Dios

Además, parecería que Dios es parcial con las necesidades de los no creyentes. Como mencioné en mi libro anterior, nuestra mayor sorpresa en Resistencia, Argentina, fue lo rápida e inesperadamente que Dios respondió las oraciones a favor de los perdidos. Algunas veces sus respuestas nos dejaban desconcertados. Una congregación local estaba orando por uno de sus miembros que tenía cáncer terminal. A la vez, la iglesia oraba por un no creyente que estaba muriendo de la misma enfermedad. El cristiano falleció y el no creyente se sanó. Una persona de esa congregación se había disgustado mucho, diciendo que era injusto y pidiéndole a Dios una explicación. El Señor le respondió: "Déjame explicártelo. El creyente que falleció está aquí conmigo en el cielo; pero si el no creyente hubiera fallecido, estaría ahora en el infierno". Evidentemente, Dios tiene claras sus prioridades. ¡Imitémoslo!

Acercamiento seguro

Una vez que hemos completado los primeros tres pasos (bendición, comunión y cuidado de sus necesidades) guiar a nuestros vecinos al Señor resulta tan fácil como pescar una ballena en una piscina. No podemos errar porque les hemos dado paz, que es la mayor carencia que tienen los que no creen; les hemos brindado la comunión más protectora y sanadora que jamás hayan disfrutado; y hemos ofrecido oraciones por necesidades muy profundas que tenían y para las que no contaban con solución alguna. Ahora resultará muy natural que pregunten, "Dime, ¿quién es este Dios que me ama?" Se sentirán seguros al acercarse a nosotros porque ha habido una mejoría paulatina en el clima espiritual de la relación mientras avanzábamos desde el primer paso hasta el cuarto.

Aprenderemos más acerca del cambio de clima espiritual en el próximo capítulo. Mientras tanto, reveamos los cuatro pasos que Jesús nos definió en Lucas 10 y la progresión de cada uno hacia el siguiente:

1. El *bendecir* abre la puerta a la comunión imparcial.
2. La *comunión* establece un nivel de confianza, permitiendo que nuestros vecinos nos cuenten acerca de sus necesidades profundas.
3. La *oración* se ocupa de sus necesidades profundas.
4. Cuando intercedemos por nuestros vecinos, *el reino de Dios se acerca a ellos* de una manera tangible: "Y decidles: Se ha acercado a vosotros el reino de Dios" (Lucas 10:9).

Es necesario destacar que no los traemos a ellos al Reino; les llevamos el Reino.

Llevar el Reino a los perdidos es como conducir por el desierto en un camión con aire acondicionado cargado con bebidas frías. Si vemos a algún caminante cansado en el solitario camino de un agobiante día de verano, y nos acercamos a él, no tendremos que rogarle que se suba al vehículo con nosotros. ¡Solamente será preciso que nos acerquemos y abramos la puerta!

¿Por qué logramos tan poco en cuanto a alcanzar a los perdidos?

En Juan 14:12, Jesús nos dice que si creemos en Él, haremos mayores obras que las que Él hizo cuando estaba en la tierra. Este es un pasaje clave ya que provee respuesta a una pregunta muy difícil: ¿Por qué la iglesia hoy logra cumplir tan escasamente la Gran Comisión, si la comparamos con la labor de la iglesia primitiva?

La iglesia primitiva fue capaz de llenar la ciudad de Jerusalén entera con las enseñanzas de Jesús en tan solo unas semanas (véase Hechos 5:28). Esa no debió haber sido tarea fácil ya que se trataba de la ciudad en la que Jesús había sido colgado públicamente como un criminal y donde rumores hábilmente orquestados y sostenidos por los agentes del poder religioso habían desacreditado su resurrección. Sin embargo, se alcanzó Jerusalén y pronto el evangelio se extendió hacia toda Judea, Samaria y aun más allá hasta que "todos los que habitaban en Asia, judíos y griegos, oyeron la palabra del Señor Jesús" (Hechos 19:10).

Aun más, Pablo saturó con el evangelio una región mayor (desde Jerusalén hasta Ilírico, al otro lado del Mar Adriático de la actual Italia) tan es así que tuvo que alejarse a regiones nuevas y más distantes, tales como España, porque se había determinado no evangelizar donde Cristo ya había sido proclamado (véase Romanos15:19-23). Consideremos por un momento la implicancia de esta afirmación. Esto significa que desde Jerusalén, en el Medio Oriente, hasta el sur de Europa, *no existía un solo lugar en el que Cristo no hubiese sido proclamado.*

Por otra parte, esta extraordinaria expansión de la fe ocurrió en un tiempo relativamente corto mientras enfrentaban feroz y brutal persecución y sin contar con la abundancia de recursos de los que hoy disponemos. Es más, la historia nos cuenta que al comienzo del siglo cuarto, los cristianos habían "conquistado" al poderoso imperio que había tenido tanto placer en perseguirlos. ¿Cómo sucedió esto? La iglesia primitiva sabía algo que nosotros aún no hemos aprendido: *Ellos podían hacer mayores obras que Jesús.*

La iglesia primitiva sabía algo que nosotros aún no hemos aprendido: Ellos podían hacer mayores obras que Jesús.

El mandamiento de hacer mayores obras

¿Cómo es posible que hagamos mayores obras que las que ha hecho el Hijo de Dios? Muchos comentarios bíblicos guardan silencio respecto a este tema o lo tratan de un modo evasivo. Otros intentan evitar el asunto diciendo que aunque nunca podremos superar la *calidad* de las obras de Jesús, seremos capaces, por cierto, de sobrepasarlas en *cantidad*. Después de todo, Jesús predicó públicamente por tan solo tres años, y nunca se dirigió a más de unos pocos miles a la vez. Billy Graham y otros han conducido ministerios internacionales que abarcan décadas, a veces predicando a cientos de miles en una sola reunión. Jesús nunca viajó muy lejos de Galilea durante su ministerio, mientras que desde entonces muchos creyentes han llevado el evangelio a las naciones del mundo, y de esta manera han hecho algo mayor que lo que hizo Jesús. Estas son muy lindas sugerencias, pero constituyen una horrible interpretación hermenéutica porque no tienen nada que ver con lo que realmente dice el texto:

> De cierto, de cierto os digo: El que en mí cree, las obras que yo hago, él las hará también; y aun mayores hará, porque yo voy al Padre. Y todo lo que pidiereis al Padre en mi nombre, lo haré, para que el Padre sea glorificado en el Hijo. Si algo pidiereis en mi nombre, yo lo haré. *Si me amáis, guardad mis mandamientos* (Juan 14:12-15, énfasis del autor).

Jesús afirma que todos los que creen en Él deberían hacer las mismas obras que Él hizo. Y ahora que Jesús ha sido glorificado, estas obras fueron elevadas de categoría hasta llegar a ser mayores obras. Este punto es indiscutible. Es una promesa que depende de una condición: creer en Jesús. Si creemos en Jesús, no solamente tenemos el derecho de hacer mayores obras que las que Él hizo; tenemos el *mandamiento* de llevarlas a cabo.

¿Cuáles son las mayores obras que nos manda a realizar? Sus propias palabras sugieren que tienen que ver con la oración: "Y todo lo que pidiereis al Padre en mi nombre, yo lo haré, para que el Padre sea glorificado en el Hijo" (v. 13). No obstante, no está hablando de la oración en general, sino de una manera específica de oración: una oración dirigida a las necesidades de los perdidos. ¿Cómo arribo a esta conclusión? La clave está en la palabra "glorificado". Jesús dice que hará todo aquello que pidamos en su nombre, para que el Padre sea glorificado en el Hijo. Entonces, los que no creen llegarán al Padre a través de Jesús una vez que se hayan convencido de su divi-nidad por medio de un milagro.

Felipe: Prototipo del hombre actual

Para entenderlo mejor, es preciso volver unos momentos atrás en esta misma conversación, cuando Jesús les dice a sus discípulos, "creéis en Dios, creed también en mí" (Juan 14:1). En otras palabras, "Crean también que Yo soy Dios". A esa altura los discípulos probablemente ya se encontraban asombrados, pero Jesús prosigue haciendo otra aseveración asombrosa sin precedente alguno: "En la casa de mi Padre muchas moradas hay; si así no fuera, yo os lo hubiera dicho; voy, pues, a preparar lugar para vosotros. Y si me fuere y os preparare lugar, vendré otra vez, y os tomaré a mí mismo, para que donde yo estoy, vosotros también estéis" (véanse los vv. 2 y 3). Esta es una promesa extraordinaria porque hasta ese momento (de acuerdo a lo registrado en la Biblia) a los hombres mortales, pecadores, nunca se les había asegurado tan abierta y claramente que irían al cielo. Cuando Tomás pregunta cómo se puede llegar a este maravilloso lugar, Jesús declara, "Yo soy el camino, y la verdad, y la vida, nadie viene al Padre, sino por mí" (v. 6).

Luego Jesús consuela a sus discípulos asegurándoles que como lo han conocido a Él, han conocido a Dios. Ahora Felipe mete la cuchara para decir: "Señor, muéstranos el Padre, y nos basta" (v. 8).

Es probable que Felipe fuera una persona vergonzosa. Digo esto porque las personas vergonzosas suelen tener diplomacia; son capaces de decir algo negativo de manera tal que parece positivo. Felipe aquí esboza algo que, en la superficie aparenta ser cortés y humilde, cuando en realidad resulta descortés y negativo: "Señor, si tú me muestras al

Padre, eso me basta". Pero Jesús ve más allá del revestimiento exterior del comentario, y descubre el núcleo de incredulidad que subyace en los dichos de Felipe. Es por esto que lo confronta con la pregunta: "¿Por qué no me crees cuando te digo que el que me ha visto a mí ha visto al Padre? (véanse vv. 9 y 10). Consciente de que Felipe no cree en su divinidad, Jesús le dice algo como: "Si no crees en mí por mis palabras, cree en mí por mis obras. Deja que mis milagros te demuestren que Yo Soy el que digo ser" (véase v. 11).

Felipe creía en Dios y quería ir a un mejor lugar (la casa del Padre) cuando muriese. Hoy en día, la gran mayoría de la población asegura creer en Dios y estarían felices de ir a un mejor lugar al morir; pero como Felipe, la mayoría de ellos no creen que Jesús es el único camino al Padre. Es por eso que este pasaje amerita atención y estudio profundo. Si comprendemos la forma en la que Jesús se ocupó de este tema que afecta a tantas personas en este tiempo, tendremos la clave para alcanzar a nuestras ciudades para Cristo.

Lo que Jesús le está enseñando a Felipe es que está bien ver para creer. Jesús sabe que Felipe, una vez que se convenza hará "las obras que Él hace" y "aún mayores" (milagros logrados por medio de la oración) para convencer a otros que, de la misma manera, no creen que Jesús es Dios ni el camino a Dios (v. 12).

Este pasaje es extraordinario porque presenta a la oración y el evangelismo como componentes totalmente integrados de una misma ecuación. Tradicionalmente, la iglesia ha utilizado la oración como base del evangelismo. Hemos orado por los perdidos para que, al ser evangelizados, escuchen y de acuerdo a nuestra expectativa, reciban a Jesús. En este pasaje sin embargo, Jesús presenta a la oración *como evangelismo*. La oración se convierte en evangelismo cuando se utiliza para abrir los ojos de los no creyentes a la divinidad de Jesús. Con ese fin, utilizó a una persona como Felipe, que no creía que Jesús era Dios, para mostrarnos cómo traspasar esta barrera de incredulidad generalizada. La clave es *orar por milagros que respondan a las necesidades de las personas que no creen.*

Ejercicio práctico

Verifiquemos este principio de evangelismo de oración en una situación hipotética.

Imaginémonos que estamos parados en la puerta de entrada de nuestra casa. Ahora, contemos cinco casas de vecinos hacia la derecha, cinco hacia la izquierda y otras cinco delante o detrás de nuestra casa. Si alguien vive en un edificio de departamentos, puede identificar cinco familias a su derecha y cinco a su izquierda y otras cinco en los pisos superiores o inferiores. Por lo general habremos señalado a un grupo de familias que comprende aproximadamente cien personas. Ahora enfoquémonos en la más necesitada de estas familias e identifiquemos a su miembro más vulnerable. Es muy probable que demos con alguien que está en depresión, que tiene una enfermedad terminal, que está permanentemente en bancarrota o que se encuentra atrapado en vicios que lo están destruyendo. Ahora imaginemos a esa persona en medio de una gran crisis en la que todo se le viene encima provocándole gran desesperación. Figurémonos que nos acercamos a esa persona y le decimos: "Por favor, no te preocupes. Estoy orando por ti en el nombre de Jesús para que Dios intervenga a favor tuyo". Asombrada, esa persona podría decirnos: "Oh, no pierdas tu tiempo porque yo no creo en la oración", a lo que responderíamos: "No te preocupes. No importa si crees en la oración o no ya que tú no serás el que ore. Yo pediré por ti, y yo sí creo en la oración". La persona podría contestar: "Tampoco creo en Jesús". Entonces podríamos responder: "No te preocupes. Con el tiempo, creerás".

A esta altura, se podría decir que le estamos haciendo a nuestro vecino un ofrecimiento imposible de rechazar, una oferta similar a la que Jesús le hizo a Felipe: "Si no crees en mí por mis palabras, cree en mí por mis obras". Ahora imaginemos que después que hemos orado por un milagro, ¡el milagro realmente ocurre! La casa que el banco iba a ejecutar, resulta rescatada milagrosamente gracias a una serie de acontecimientos, un mejor empleo reemplaza al que se perdió, o una persona enferma recibe sanidad. ¿No creemos que esa persona de pronto estará interesada en conocer quién es Jesús? ¡Absolutamente!

Quédate con la estrategia ganadora

La mayoría de nosotros, si no todos, llegamos al Señor como resultado de las oraciones de alguna persona. ¿Por qué, entonces, descartamos esta estrategia ganadora cuando somos formados doctrinal y teológicamente? Si vamos a cumplir la Gran Comisión en nuestra generación, debemos encontrar una mejor manera de alcanzar a los perdidos. El evangelismo de oración significa hacer mayores obras que las que hizo Jesús. Es estimulante, edificante y emocionante, y este método logra mucho más que cualquier otro, como pronto veremos.

> ***La mayoría de nosotros llegamos al Señor como resultado de las oraciones de alguna persona. ¿Por qué descartar esta estrategia ganadora?***

La iglesia nunca antes ha contado con tanto dinero, entrenamiento y miembros como los que hoy tiene; sin embargo, en proporción a esos recursos, nunca ha logrado tan pocos resultados en cuanto a alcanzar a los perdidos. ¿Por qué? Porque hemos estado muy ocupados haciendo *menores* obras en vez de *mayores* obras que las que hizo Jesús.

Imaginemos que dos aviones sobrevuelan en círculo nuestra ciudad, y que cada uno lleva una gran suma de dinero en su bodega. Uno de los aviones lleva un millón de dólares en peniques americanos, o monedas de un centavo. El otro avión porta el mismo monto de dinero en billetes de cien. Ambos aviones dejan caer su cargamento sobre la ciudad, y los dos millones de dólares quedan diseminados por la tierra. Inmediatamente organizamos dos equipos para ver cuál es el primero en recolectar un millón de dólares. Sin embargo, el equipo A limita sus esfuerzos a recoger solo peniques, mientras que el equipo B sale a juntar billetes de cien.

¿Cuál de los equipos será el más ruidoso, el que utilizará más espacio, se frustrará y acabará escribiendo libros explicando por qué no se puede hacer? El equipo A, ¿no es cierto? Sí. Porque deben encontrar cien millones de peniques para alcanzar el objetivo. El equipo B, por otra parte, solo debe hallar diez mil billetes de cien para completar la tarea.

La iglesia tiene que cambiar de estrategia. Debemos aprender a hacer mayores obras que las que hizo Jesús. Y hacer esas obras significa orar por las necesidades de los que no creen y esperar por los milagros que les demostrarán que Jesús es el Hijo de Dios.

Un método para alcanzar ciudades

El apóstol Pablo también enseña con respecto al evangelismo de oración en 1 Timoteo 2:1-8, en donde nos amonesta a orar por todos en todo lugar. No obstante, para comprender acabadamente lo que Pablo está diciendo, es preciso observar el contexto establecido en el versículo 15 del capítulo anterior.

Cuando leemos nuestras Biblias, es fácil que presupongamos que las divisiones de los capítulos provienen de inspiración divina. Sin embargo no es así. Salvo los Salmos que fueron recopilados de ese modo, el Espíritu Santo no dividió ninguno de los libros en capítulos. La inserción de los cortes de capítulo fue realizada por hombres y, lamentablemente, a menudo resulta engañosa. Es por esto que con frecuencia se piensa que 1 Timoteo 2:1-8 contiene instrucciones sobre cómo conducir reuniones de oración privadas. Sin embargo, si ignoramos la división de capítulos y comenzamos a leer desde el capítulo 1, versículo 15, tendremos una visión diferente y mucho más emocionante de este pasaje.

Pablo escribe, "Palabra fiel y digna de ser recibida por todos; que Cristo Jesús vino al mundo para salvar a los pecadores" (1 Timoteo 1:15). Pablo está diciendo: "Timoteo, esta aseveración es tan confiable que puedes tener por seguro que una vez que se expongan a ella, todas las personas de tu ciudad van a aceptarla". No está diciendo que todos aceptarán a Jesús, sino que todos aceptarán la verdad de que Él vino a salvar a los pecadores. Pablo habla de los perdidos en la ciudad de Timoteo, y utiliza esta aseveración como prefacio para introducir un método para alcanzar a todos.

A menudo no logramos ver la naturaleza evangelística y el enfoque de la enseñanza de Pablo porque él, movido por el entendimiento de que es el primero de los pecadores (véase v. 16), toma un desvío de alabanza: "Por tanto, al Rey de los siglos, inmortal, invisible, al único y sabio Dios, sea honor y gloria por los siglos de los siglos. Amén" (1 Timoteo 1:17). Desafortunadamente algunos editores de la Biblia ven la palabra "amén" y equivocadamente concluyen que esta provee un corte natural al texto. Como resultado, muchas Biblias incluyen un subtítulo antes del próximo versículo, y nos dejan con la impresión de que Pablo cambia de tema. Esto no es así.

En el versículo 18, Pablo le indica a Timoteo que guarde cierto mandamiento para que pueda pelear la buena batalla. ¿Cuál es la buena batalla? La buena batalla, en este contexto, no está relacionada tanto con el crecimiento personal sino, más bien, con la lucha por abrir los ojos de los perdidos al hecho de que Jesús vino al mundo para salvarlos. Pablo está hablando aquí respecto a una estrategia para alcanzar a los perdidos; le está explicando a Timoteo cómo alcanzar una ciudad o una región para Cristo.

¿Cuál es el mandamiento?

Para equipar a Timoteo para esta tarea Pablo le da un mandamiento: "Este mandamiento, hijo Timoteo, te encargo, para que... milites... la buena milicia" (v. 18). Cuando leemos esto inmediatamente comenzamos a buscar el mandamiento. Desafortunadamente, nos equivocamos al concluir que el mandamiento puede encontrarse en uno de esos dos versículos, dado que el capítulo 1 está llegando a su fin. Descartamos el versículo 20 porque se refiere a Himeneo y Alejandro, que obviamente habían desobedecido el mandamiento. De manera que miramos el versículo 19: "Manteniendo la fe y buena conciencia". Este es el mandamiento, ¿verdad? ¿Tener una buena conciencia que nos permita almacenar fe, porque si tenemos fe nada nos será imposible?

No, Pablo no dice: "*Mantén* la fe y *mantén* una buena conciencia", que sería la modalidad indicada para dar un mandamiento. En lugar de esto, Pablo utiliza la forma verbal "manteniendo". Nunca les decimos a nuestros hijos, "*Yendo* a la cama, *haciendo* la tarea y *siendo* bueno con tu hermano". ¡No! Les decimos: "*Ve* a la cama ya mismo", "*haz* tu tarea de inmediato", o "*sé* bueno con tu hermano o estarás en problemas". Pablo no está impartiendo un mandamiento en el versículo 19 sino describiendo el contexto en el que debe ser obedecido el mandamiento. Está diciendo que hay que cumplir el mandamiento desde una posición de santidad, por eso la necesidad de una buena conciencia.

Para averiguar cuál es el mandamiento de Pablo, resulta necesario buscar en el siguiente capítulo.

> Exhorto ante todo, a que se hagan rogativas, oraciones, peticiones y acciones de gracias, por todos los hombres (1 Timoteo 2:1).

Las expresiones "ante todo" y "exhorto" tienen la intención de preparar la escena para enunciar algo que no debe pasarse por alto, obviamente un mandamiento. Pablo le ordena a la iglesia que ore por todos, en todo lugar. ¿Por qué? Porque Dios quiere que todos sean salvos:

> Porque esto es bueno y agradable delante de Dios nuestro Salvador, el cual quiere que todos los hombres sean salvos y vengan al conocimiento de la verdad (vv. 3, 4).

La convincente evidencia respecto a la naturaleza evangelística del pasaje que comienza en 1 Timoteo 1:15 es innegable.

Pablo le señala a Timoteo que al movilizar a la iglesia para orar por todos en la ciudad, se estarán asegurando de que todos los pecadores tengan una oportunidad de conocer que Jesús vino a salvarlos. Pablo habla de una oración sistemática por los perdidos, lo que ahora llamamos evangelismo de oración.

Cambio en el clima espiritual

El mandamiento de Pablo también contiene una promesa:

> Exhorto ante todo, a que se hagan rogativas, oraciones, peticiones y acciones de gracias, por todos los hombres; por los reyes y por todos los que están en eminencia, para que vivamos quieta y reposadamente en toda piedad y honestidad (1 Timoteo 2:1-2).

El apóstol indica que si oramos por todos, incluyendo aquellos que están en autoridad, veremos una mejoría radical en el clima espiritual que nos rodea; podremos vivir tranquilos y en toda piedad. Ahora bien, no hay manera alguna de que la piedad pueda incrementarse en nuestras ciudades si no decrece la impiedad. No hay manera de que podamos vivir quieta y reposadamente si no hacemos nuestro trabajo y ganamos la buena batalla.

Pablo confirma que la clave para alcanzar a los perdidos es proveerles pruebas tangibles de que Jesús vino a salvarlos al responder a sus necesidades a través de la oración, una oración que es evangelismo.

Texto sin contexto es solo pretexto

> Por tanto, id y haced discípulos a todas las naciones, bautizándolos en el nombre del padre, y del Hijo, y del Espíritu Santo (Mateo 28:19).

Alcanzar a regiones enteras se hace factible cuando examinamos nuevamente la Gran Comisión a través de la lente del evangelismo de oración.

Observemos más de cerca lo que nos dice Mateo 28:19. Vemos aquí el mandamiento de ir a todas las naciones para predicar el evangelio a toda persona, bautizándolas y enseñándoles todo lo que Jesús nos enseñó a nosotros. Esto es bastante pedir. ¿Quién puede hacer esto y a la vez ocuparse de su exigente empleo secular? ¿O ser un buen padre o una buena madre, o incluso pastor, con las exigencias de tiempo que cada uno de estos roles involucra? Vez tras vez, nos encontramos divididos entre la necesidad de ser testigos en el lugar en el que estamos plantados y el mandamiento de ir a otro lugar para alcanzar a los extraviados. La cruda realidad es que después de casi dos mil años de intentarlo, no hemos logrado cumplir la tarea, ya que quizás la mitad de la población mundial todavía necesita escu-char que Jesús vino a salvarnos a todos.

Lo que es peor, una gran cantidad de los que aún deben ser alcanzados vive en nuestras mismas ciudades, (unos cuantos de ellos viven, incluso, en nuestros propios barrios) y no se observa ninguna señal de que vayan a ser alcanzados en un plazo inmediato. ¡Qué tragedia! ¿Por qué hemos fallado tanto? La razón es que hemos tomado a Mateo 28:19, el versículo que consideramos como el centro mismo de la Gran Comisión, fuera de contexto, y al hacerlo, hemos desarrollado una mitología fallida.

Un texto sin su contexto se convierte en pretexto. Cuando analizamos este versículo aislado de su contexto, el peso de cumplir la Gran Comisión recae directamente sobre nuestros hombros. La comprensión tradicional de este texto es que somos *nosotros* los que debemos ir y evangelizar, enseñar y bautizar a todos. Este es un peso abrumador.

Ahora miremos este pasaje en su contexto agregando los dos versículos, el anterior y el posterior:

Y Jesús se acercó y les habló diciendo: *Toda potestad* ***me*** *es dada en el cielo y en la tierra*. Por tanto, id, y haced discípulos a todas las naciones, bautizándolos en el nombre del Padre, del Hijo, y del Espíritu Santo; enseñándoles que guarden todas las cosas que os he mandado; y he aquí *yo estoy con vosotros todos los días*, hasta el fin del mundo" (Mateo 28:18-20, énfasis del autor).

Ahora tenemos dos poderosos componentes: Primero, Jesús tiene autoridad en todo lugar, en el cielo y el la tierra. Esto significa que no existe ningún problema del que Él no pueda ocuparse ni una sola necesidad que Él no sea capaz de suplir. Segundo, Él está con nosotros todo el tiempo. Si reemplazamos "id" por "yendo", como aparece en el griego original, notaremos un drástico cambio en cuanto a la responsabilidad que nos compete. Ahora el peso ya no está más sobre nuestros hombros sino que descansa sobre los incomparables y fuertes hombros de Jesús. Lo que Jesús está diciendo es: "Mientras atiendes tu vida diaria, te irás encontrando con personas que tienen necesidades. Solamente recuerda dos cosas: Yo puedo cuidarlos, y yo estoy aquí al lado tuyo". ¿Cómo logramos que Él cubra tus necesidades? "Si algo pidieres en mi nombre, yo lo haré" (Juan 14:14). Él nos dice: "No solamente debes hablar de mí. Preséntame a los perdidos mostrándoles mis maravillas".

Jesús no es solo un mensaje para predicar; Él es un Salvador proactivo. Está dispuesto a demostrarles a los perdidos que Él vino al mundo para salvar a los pecadores realizando milagros cuando más lo necesitan. Este es el corazón del evangelismo de oración y, si es correctamente implementado, es capaz de lograr mucho más que atraer a unos pocos vecinos al Señor. El evangelismo de oración puede cambiar el clima espiritual sobre ciudades y regiones enteras.

CAPÍTULO 3

CÓMO CAMBIAR EL CLIMA ESPIRITUAL

Cambiar el clima espiritual de un lugar no nos resulta un tema desconocido. Nuestra dificultad radica en que no creemos que el mismo clima que tenemos en la iglesia puede y debe reinar en toda la ciudad.

El clima influye mucho sobre el accionar de las personas. Si la temperatura desciende ocho grados en una tarde de otoño, muchos buscarán abrigos. Si comienza a llover, la gente llevará su impermeable y su paraguas. El clima influencia sobre mucho de lo que sucede alrededor nuestro.

En el Caribe no se precisa de calefacción central, pero es indispensable en los hogares y oficinas de Alaska. Por el contrario no hay demasiada demanda de protector solar en Groenlandia, pero la mayoría de nosotros no nos atreveríamos a salir sin él al desierto del Sahara. No encontraremos demasiados productores de cítricos en Boston, y pronto estaremos en la bancarrota si queremos ganarnos la vida como pescadores en Alburquerque.

El clima verdaderamente tiene gran incidencia sobre el lugar que elegimos para vivir, sobre nuestra manera de vestir, sobre lo que comemos y sobre las actividades recreativas de las que participamos. Ahora consideremos el profundo efecto que tiene determinado clima *espiritual* sobre nuestras ciudades. Un clima piadoso permite que las personas vivan "quieta y reposadamente en toda piedad y honestidad" (1 Timoteo 2:2). Otra versión promete "para que tengamos paz y tranquilidad, y llevemos una vida piadosa y digna" (NVI). La falta de piedad en una ciudad produce lo opuesto.

¿Qué podemos hacer al respecto?

No tenemos ninguna dificultad en creer que es posible cambiar el clima espiritual dentro de un hogar, un edificio de iglesia o inclusive dentro de un estadio durante una cruzada. Cada domingo en la iglesia vemos que el clima cambia gradualmente al progresar el culto. El concepto de que es posible modificar el clima espiritual no nos resulta ajeno.

Sin embargo, tenemos dificultad para creer que ese mismo clima que disfrutamos en la iglesia puede y debe disfrutarse en toda la ciudad. Pero encontramos esta promesa en 1 Timoteo 2:1-9, allí Pablo nos dice que si oramos por todos, en todo lugar, podremos vivir quieta y reposadamente en toda piedad y honestidad. Para que la piedad se incremente en una ciudad, la impiedad debe disminuir, y nada de esto puede ocurrir sin una radical mejoría en el clima espiritual de la ciudad.

Por ya demasiado tiempo hemos dejado el control del clima espiritual de nuestras ciudades en las manos del diablo. Esto se evidencia cuando miramos alrededor, al fango del pecado, a la hostilidad y la ira, a la actividad criminal y al peso abrumador que la falta de esperanza produce sobre nuestros conciudadanos. Cada semana miles de personas se casan en nuestra ciudad, anhelando un futuro maravilloso, y cada semana un número similar de parejas ven como sus matrimonios se desintegran. Satanás mantiene la temperatura bajo cero, mientras la iglesia frota palitos tratando de avivar el fuego para que su propia gente no se congele.

Pero, ¿qué pasaría si la iglesia de la ciudad fuera capaz de quitarle el control del termostato espiritual al diablo y lo fijará en unos confortables veintidós grados? De repente, Satanás se pondría a la defensiva, asignando desesperadamente a los demonios la tarea de distribuir cubitos de hielo que se derretirían en el vano intento de bajar la temperatura algunos grados.

Cuando los pastores se arrepintieron en las puertas de la ciudad de San Nicolás, Argentina (véase el capítulo 1), yo esperaba que se produjera algo bueno a raíz de este hecho; pero no estaba preparado para lo *mucho* que ocurrió ni lo rápidamente que sucedió. La aceptación sin precedentes por parte de los medios, la cálida bienvenida de las autoridades seculares, el apoyo de la Iglesia Católica a nuestra campaña para alcanzar la ciudad, la amigable recepción de la gente durante nuestras visitas puerta por puerta, y especialmente los milagros en la feria de oración, fueron hechos realmente extraordinarios. Y todo aquello aconteció porque el clima espiritual sobre la ciudad había cambiado.

La bruja que cambió

El cambio de clima se hizo muy evidente cuando el aquelarre de una bruja se convirtió en un faro de oración *en menos de sesenta minutos*. Permítanme contarles lo que ocurrió. Durante la transmisión de radio diseñada para lanzar faros de oración en San Nicolás, miembros de la delegación internacional de oración se dirigieron a diferentes hogares para escuchar y participar de la transmisión. Los visitantes y sus huéspedes la pasaron muy bien mientras todos eran guiados en este ejercicio bilingüe de oración por radio.

Sin embargo, dos de los delegados internacionales, sin saberlo, ¡se dirigieron a la casa equivocada! Tocaron la puerta y una mujer de apariencia muy extraña les abrió. Cuando le preguntaron, en su limitado español, si esa era una casa de oración, la mujer respondió afirmativamente con una voz fantasmal. Un poco inquietos, entraron, encendieron sus radios y se conectaron a la iglesia que estaba orando por toda la ciudad. Pronto se dieron cuenta de que, en efecto, se encontraban en una casa de oración, *una casa de oración a Satanás*. Su anfitriona era bruja y su casa funcionaba como aquelarre de brujas.

Los demonios se manifestaron en su presencia pero muy pronto fueron expulsados. En menos de una hora, la bruja recibió a Jesús y fue llena del Espíritu Santo. Sus dos hijas también aceptaron al Señor y, hasta el final de la transmisión, los anfitriones y sus inesperados visitantes liberaron la casa de toda la parafernalia satánica. Aquel lugar que había sido una fortaleza satánica se convirtió en un puesto de avanzada de Dios. Bajo circunstancias normales, Satanás habría estado en ventaja, ventaja de dueño de casa por así decirlo, pero no fue así esta vez, porque había cambiado el clima espiritual. Esa no-che la iglesia estaba en control de la ciudad.

¿Puedo ser tu hijo nuevamente?

Este no es un caso aislado. Permíteme relatar dos historias de lo que sucedió cuando realizamos un similar lanzamiento de faros de oración durante tres días en Modesto, California. El lunes por la noche, la noche de la primera transmisión radial, un matrimonio invitó a su hijo, que estaba alejado del Señor, a que se uniera a ellos para dedicar su hogar como faro de oración. El muchacho rechazó la invitación y salió dando un portazo, visiblemente disgustado. Pasó la noche en algún otro lugar, mientras sus padres prosiguieron con la dedicación de la casa. Al día siguiente santificaron su hogar. Como parte de este proceso se los guiaba, a través de la radio, a que perdonaran a aquellos que los habían ofendido. En los minutos finales de la transmisión se los condujo a levantar manos santas, sin enojos ni discordia, y a orar por alguien que necesitara un toque de Dios. Ellos pidieron que Dios tocara a su hijo, sea donde fuere que se encontrase.
¿Dónde estaba? Estaba en la cama con una mujer que no era su esposa, cometiendo adulterio. Esa no era una atmósfera espiritualmente conductiva, diría yo. Sin embargo, sintió el toque de Dios en ese lugar. Se disculpó con la mujer por su repentina pérdida de interés, se vistió a las apuradas y llamó a su casa rogando permiso para volver. Dedicó su vida al Señor nuevamente, ¡y al día siguiente se unió a sus padres en una caminata para orar por el barrio!

El que viene es otro testimonio extraordinario de aquella semana. El martes por la tarde, Doug estaba en su departamento aguardando el comienzo de la transmisión. El tema central de la transmisión era la santificación del hogar, y él esperaba con entusiasmo. Varios años antes Doug se había casado con una mujer que tenía un hijo de un matrimonio anterior. Doug había adoptado al muchacho como suyo y, más tarde, Dios bendijo al matrimonio con un hijo y dos hijas propios. Lamentablemente, el matrimonio había terminado en divorcio, y cuando esto sucedió Doug renunció a la adopción; esto resultó demoledor para el joven. Desde entonces no se habían vuelto a ver en once años.

A los cinco minutos de comenzada la transmisión, el ex-hijo de Doug golpeó a la puerta, irrumpió en el departamento y derramó su historia de dolor provocada por un fracaso atrás del otro. Doug pudo fácilmente guiarlo al Señor, pero luego cayó en cuenta de que este joven no habría llegado a esa situación si él no lo hubiera rechazado años atrás. El ex-hijo lo perdonó y luego, con voz temblorosa le preguntó: "¿Podrás perdonarme tú por lo que yo les hice a tus hijas? Este era un asunto muy difícil porque cuando Doug lo rechazó como hijo, el joven había abusado de ellas por rencor. Conmovido, Doug le extendió su perdón y ambos se unieron en un afectuoso abrazo, las lágrimas corrían por sus mejillas. En esta situación de sensibilidad el joven le preguntó: "¿Doug, puedo ser tu hijo otra vez?" Doug asintió y allí mismo, en oración, adoptó nuevamente al joven. Luego oraron juntos para que el muchacho recibiera al Señor. El lunes siguiente, ¡el hijo adoptivo de Doug quiso acompañarlo a una reunión evangelística y allí públicamente recibió al Señor!

Estos casos representan un extraordinario derramamiento del poder de Dios, algo que raramente vemos en nuestro mundo neopagano y postmoderno. La razón de estas irrupciones se encuentra en que el clima espiritual sobre la ciudad había cambiado. Cuando cambia el clima espiritual para bien, también se transforman *todos* y *todo* en la ciudad.

Cuando cambia el clima espiritual para bien, también se transforman todos y todo en la ciudad.

¿En qué momento sucedió el cambio radical de clima? Ocurrió el miércoles por la tarde, inmediatamente después de que se caminó por la ciudad orando por ella.

Nos encontramos en la feria de oración

En San Nicolás, en donde se realizó este proceso pionero de una semana de duración, nos reunimos con los pastores un miércoles por la mañana para preparar estrategias, y el Señor nos instruyó específicamente a *no* combatir con ningún demonio esa tarde sino a concentrarnos exclusivamente en declarar paz sobre cada hogar por el que pasáramos durante la caminata. Terminada la tarde se había caminado la ciudad entera orando en *silencio*, se había bendecido *calladamente* cada hogar y se había colocado una invitación *subrepticiamente* debajo de cada puerta, invitando a las personas a una feria de oración el sábado siguiente. El jueves y el viernes los pastores y los intercesores ayunaron y oraron. El sábado por la mañana se visitó cada hogar logrando tremendos resultados.

Golpeamos las puertas y preguntamos: "¿Sabía usted que hoy es el año del favor del Señor?" La mayoría confesaba su ignorancia al respecto. Cuando se les preguntaba si sabían lo que significaba esto, ninguno tenía la menor idea. Les dijimos que el año del favor significaba que Dios quería hacerles un favor. Cuando les preguntamos si necesitaban un favor, la mayoría contestó afirmativamente. Luego se le mostraba a la gente el periódico con el anuncio de media página que contenía una invitación a la feria de oración. El anuncio incluía un cupón de libre admisión ¡y oraciones ilimitadas! Todos recibieron esto con gusto.

A las tres de la tarde la gente comenzó a reunirse. Varios de ellos llevaban nuestros cupones, y al detenerse en la mesa de informes para solicitar indicaciones, el diálogo que tenía lugar era algo similar a esto:

> Solicitante: (mostrando su cupón) -¿Dónde voy primero?
>
> Creyente: - Depende cuál sea su problema, ¿Qué problema tiene?
>
> Solicitante: - Mi esposa me abandonó.
>
> Creyente: (dirigiéndose a una cartelera) -Veamos. ¡Sí, aquí está! Problemas familiares tiene que dirigirse a la fila número cinco. Los acomodadores (intercesores encubiertos) lo acompañarán hasta ese lugar.

Una vez que llegaban a la fila correspondiente, de acuerdo a la necesidad que manifestaban tener, los intercesores y pastores oraban por ellos. Dios tocó la vida de los que solicitaban oración por todo el parque, y ni bien sentían su poder, querían saber más sobre Jesús. Muchos recibieron al Señor ahí mismo.

Mirándolo en retrospectiva, él éxito parecía obvio; pero cuando armábamos el programa, al carecer de experiencia y del sólido fundamento bíblico que ahora poseemos, no estábamos tan seguros de ello. Recuerdo haber pensado durante ese jueves y viernes si acaso *alguno* vendría a la feria de oración. Mi preocupación fue en vano. El día sábado vinieron multitudes llenas de entusiasmo al parque y ocurrieron milagros. El clima espiritual era tan cálido que todos, al parecer, guiaron a alguien al Señor.

Cuando concluyó esa semana histórica, le pedí al Señor que me mostrara cuál era la base bíblica del cambio tan drástico que habíamos experimentado en el clima espiritual. Me llevó al Evangelio de Lucas y lo leí varias veces de una sola sentada. Observé que Lucas documenta dos diferentes tipos de clima espiritual durante el tiempo del ministerio de Jesús. Los primeros nueve capítulos de Lucas describen un clima hostil en la tierra; los últimos quince muestran un clima espiritual mayormente favorable. Este cambio de clima y las razones que se encuentran detrás de él son muy importantes para el tema que nos ocupa.

Clima hostil

Hacia los comienzos del ministerio de Jesús el clima en Galilea y Judea era tan desfavorable que en Lucas 9:41 parece que Jesús deseara no seguir adelante. Les dijo a sus discípulos: "¡Oh generación incrédula y perversa! ¿Hasta cuándo he de estar con vosotros, y os he de soportar?" Evidentemente Jesús se sentía bastante frustrado y descontento con ellos.

En el siguiente capítulo, sin embargo, vemos que esto ha cambiado totalmente: "Jesús se regocijó en el Espíritu" (Lucas 10:21), y comenzó a alabar a Dios por lo que sus discípulos habían hecho.

Si examinamos cuidadosamente estas dos fases en el ministerio terre-nal de Jesús, encontraremos la clave para cambiar el clima espiritual que impera en nuestras ciudades.
Primeramente analizaremos cómo el clima espiritual fue empeorando progresivamente hasta el punto de resultarle casi insoportable a nuestro Señor.

Un desafío que parte de Dios

Cuando Jesús emergió de la aguas bautismales, el Padre declaró: "Tú eres mi hijo amado; en ti tengo complacencia" (Lucas 3:22). Esta aseveración obviamente no tenía la intención de beneficiar a Jesús, ya que Él sabía muy bien quien era y lo que pensaba el Padre acerca de Él. Tampoco era para Juan el Bautista que, unos momentos antes, había hecho una declaración similar. Dado que no hay evidencias de que la multitud oyera la voz del cielo, es posible que esta declaración estuviera direccionada hacia el diablo mismo. Al decir, "en ti tengo complacencia", Dios estaba anoticiándole al diablo que *un ser humano sin pecado* había invadido su reino de pecado.
Esto representaba una seria amenaza para Satanás, cuyo gobierno obtenía su poder a partir del pecado. Dios le recordó al diablo que él no tenía ninguna influencia sobre Jesús dada su naturaleza santa. El reino de Satanás había sido invadido, y la aseveración de Dios, fue algo así como: "Adelante Satanás, ¿y ahora qué harás?", fue la campana de largada para la pelea de los siglos.
En respuesta al desafío de Dios, el diablo saltó a primera plana y por cuarenta días intentó que Jesús cayera bajo su control tentándolo a pecar. Una vez vencido, el diablo "lo dejó hasta otra oportunidad" (Lucas 4:13, NVI). Tradicionalmente, hemos considerado que ese otro momento oportuno, del que habla la Biblia, tuvo lugar cuando Jesús estaba en brutal agonía en el huerto de Getsemaní o al día siguiente cuando colgaba en la cruz. Sin embargo, yo creo que el diablo no quería esperar tanto para volver a atacar a su enemigo; en realidad, estaba esperándolo en una emboscada a la vuelta de la esquina.

Amigos y vecinos se vuelven en su contra

Jesús regresó en el poder del Espíritu Santo a la región de Galilea donde vivía, y su fama comenzó a extenderse. Mientras estuvo en el pueblo de Nazaret enseñó ante una audiencia de amigos y vecinos en la sinagoga. "Y todos daban buen testimonio de él, y estaban maravillados de las palabras de gracia que salían de su boca" (Lucas 4:22). En términos humanos, nada podría haber sido más positivo ni proporcionar más seguridad.

De repente, "todos en la sinagoga se llenaron de ira; y levantándose, le echaron fuera de la ciudad, y le llevaron hasta la cumbre del monte sobre el cual estaba edificada la ciudad de ellos, para despeñarle" (vv. 28, 29). Que una multitud en el pueblo de donde uno es oriundo repentinamente pase de la adulación y la alabanza a la violencia desenfrenada es, en el mundo *natural*, psicológica y sociológicamente improbable. La enseñanza de Jesús ese día no tenía nada de incendiario. Solo puedo atribuir estos acontecimientos a la *sobrenatural* intervención del mal. En otras palabras, este era el próximo momento oportuno de Satanás, él lo aprovechó y volvió a los amigos y vecinos de Jesús en su contra. Como resultado, el hombre más sociable que jamás haya andado sobre la tierra se alejó del pueblo sabiendo que había sido rechazado por las personas con las que se había criado.

Pero Satanás no había terminado. Luego Jesús se dirigió a la ciudad de Capernaum, donde enseñó en el día de reposo en la sinagoga local. Fue allí cuando se encontró con un demonio muy agresivo, un demonio muy irrespetuoso, tipo Rambo, que desafiaba a Jesús públicamente (véase Lucas 4:34). Jesús lo expulsó. Esa misma tarde, Satanás dejó su pistola y empuñó su ametralladora, desatando muchos demonios que también vociferaban irrespetuosamente en la cara de Jesús (véase el versículo 41).

Los fariseos y escribas se vuelven contra Jesús

Los líderes religiosos de la nación salieron para escucharlo predicar y, razonando en sus corazones, comenzaron a hablar en contra de Él:

"¿Quién es éste que habla blasfemias?" (Lucas 5:21). Muy pronto los escribas y los fariseos intentaron forzar una división entre Jesús y sus discípulos con sus quejas difamatorias.

Después de que Jesús los reprende, ellos comienzan a observarlo de cerca, no para encontrar la verdad sino "a fin de hallar de qué acusarle" (Lucas 6:7). Después de que fueron avergonzados en una confrontación en el día de reposo, los líderes religiosos "se llenaron de furor" y comenzaron a complotar contra Él (v. 11). Lo de ellos era una furia asesina similar a la que tuvieron los generadores del disturbio en Nazaret y de indudable naturaleza satánica.

En la superficie su enojo podría parecer una simple reacción humana negativa. Sin embargo, sus orígenes satánicos quedaron expuestos por Jesús cuando, poco tiempo después, acusó a los fariseos y escribas de asesinos a causa de su conexión directa con el diablo, "Vosotros sois de vuestro padre el diablo, y los deseos de vuestro padre queréis hacer. Él ha sido homicida desde el principio" (Juan 8:44). Esta acusación no le trajo más popularidad entre las autoridades religiosas.

Así fue como, en un corto período de tiempo, el diablo reclutó en contra de Jesús una multitud de demonios, a sus amigos y vecinos, y a los dirigentes religiosos. Muy pronto la situación iba a empeorar.

Neutralización de Juan el Bautista

Jesús describió a su primo Juan el Bautista como el hombre más grande que haya nacido de mujer (véase Mateo 11:11). Sus madres habían sido amigas y compañeras de fe mientras llevaban a término sus embarazos sobrenaturales. Juan creció para ser el que pregonara a Jesús, el que preparara a las personas para su llegada. En un mar de humanidad totalmente cegada al mensaje de Jesús, Juan constituía el único, aunque muy brillante, faro de esperanza.

Sin embargo, en Lucas 7 la hostilidad en el clima espiritual se había incrementado, y Herodes había encarcelado a Juan por expresarse abiertamente respecto a la pecaminosidad pública del gobernante.

Encerrado y esperando su inevitable ejecución, Juan comenzó a dudar. De manera que envió a sus discípulos a preguntarle a su primo: "¿Eres tú el que había de venir, o esperaremos a otro?" (Lucas 7:19). Sospecho que este habrá sido uno de los momentos más difíciles para Jesús, porque Juan también se veía afectado por este clima controlado por Satanás.

Manipulación de la naturaleza contra Jesús

En Lucas 8:22-24, la embarcación en la que Jesús y sus discípulos navegaban se sacudía y corría peligro de hundirse a causa de una severa tormenta. Los discípulos, que en su mayoría eran navegantes y pescadores experimentados, literalmente *gritaban* de temor, una reacción no demasiado varonil, debo decir. Con toda seguridad ellos ya habían visto y vivido su buena cuota de tormentas temibles, pero estos hombres valientes ahora se encontraban totalmente desprovistos de coraje. Yo presupongo que la razón de esto es que *no se trataba de una tormenta normal*, era una tormenta que se había desatado, o al menos que estaba siendo manipulada por el mismo diablo.

Cuando los discípulos despertaron a Jesús, Él "reprendió al viento y las olas; y cesaron" (v. 24). No hay ninguna necesidad de que el Creador reprenda a su creación; reprender era lo que hacía Jesús cuando se enfrentaba a los demonios. Bajo circunstancias naturales, todo lo que el Creador tendría que hacer sería decirle al viento que amaine y a las olas que se calmen. El hecho de que tuviera que reprender da lugar a la especulación de que detrás de esta feroz tormenta existía una maldad sobrenatural.

Extranjeros contra Jesús

En la región de Genesaret, Jesús se enfrentó no a uno ni a unos pocos demonios, sino a una legión que había aterrorizado la zona a través de un hombre del lugar al que la legión tenía poseído. Jesús los expulsó, libró al hombre y liberó la región de una seria amenaza pública (Lucas 8:26-33). Lo que sucedió después no tiene demasiado sentido en el reino natural, y es por eso que debemos buscar respuestas en lo sobrenatural.

La lógica nos haría pensar que, a raíz de tan importante liberación, la gente del lugar le pediría a Jesús que se quedara con ellos, aunque más no fuese para protegerlos en el caso que los demonios decidieran regresar. Deberían haberle expresado su gratitud a Jesús. En vez de esto la gente "le pidió a Jesús que se fuera de allí, porque les había entrado mucho miedo" (v. 37, NVI). Una vez más, lo natural no sucedió naturalmente; es muy posible que esta respuesta anormal fuese también el resultado del mal sobrenatural.

Confío en que ahora somos capaces de ver que Jesús operaba dentro de un clima muy hostil dirigido por el diablo mismo. Pero lo peor estaba aún por venir: sus discípulos también se unieron a la oposición.

Los discípulos sabotean la misión de Jesús

Los propios discípulos de Jesús se vuelven en contra de él, aunque quizá de manera involuntaria. Primeramente, los doce expresaron un leve desprecio por las multitudes a las que Jesús tanto amaba, diciendo: "Despide a la gente" (Lucas 9:12). Luego Jesús les prohibió a sus discípulos predicar, al parecer porque no lograban negarse a sí mismos y seguirlo humildemente a Él (véase Lucas 9:21-26), y también el Señor reprendió a Pedro por ser portavoz del mismo diablo (véase Mateo 16:23).

Poco tiempo después, en el escenario de la transfiguración, Dios el Padre amonesta a Pedro, Jacobo y Juan a causa de su egocentrismo (véase Lucas 9:32-36). Mientras tanto, en el próximo relato, observamos que los otros nueve discípulos fueron vencidos por un único demonio que había en el pueblo (véase el v. 40). Asombrosamente, después de esta serie de acontecimientos desalentadores, ¡los discípulos comenzaron una discusión entre ellos respecto a quién sería el mayor! (véase el v. 46).

Por último, después de que Jesús hubo reprendido a sus discípulos por impedirle a alguien hacer aquello que ellos parecían incapaces de realizar, es decir, expulsar demonios (véase Lucas 9:50), Jacobo y Juan se ofrecen a mandar que descienda fuego del cielo para que consumiera una aldea de los samaritanos que no los habían recibido (véase el v. 54). De manera que Jesús expresó una muy severa sentencia: "vosotros no sabéis de qué espíritu sois" (v. 55). En otras palabras, los discípulos estaban bajo el control de Satanás en vez del de Dios.

Los versículos finales de este capítulo tan triste, muestran a un Jesús que no lograba reclutar nuevos discípulos comprometidos (véase Lucas 9:57-62). No hay ninguna duda de que el clima espiritual era absolutamente hostil. Jesús, como la iglesia hoy, había ganado cada batalla; pero estaba en peligro de perder la guerra. Estudiaremos la ineficiencia de los discípulos en mayor profundidad en el capítulo 7, pero no es de asombrarse que Jesús expresara la frustración que tenía con sus discípulos, llamándolos "generación incrédula y perversa" (v. 42). El clima no podía ser peor si eso era todo lo que tenía para decir de sus socios más allegados.

Entonces sucedió algo que dio vuelta las circunstancias a favor de Jesús.

Clima favorable

Lucas, capítulo 10, relata un cambio muy drástico en el clima espiritual. Pero, veamos primero los acontecimientos que tuvieron lugar a continuación dentro de este clima mejorado, y luego volveremos a Lucas 10.

Los discípulos piden aprender a orar

"Señor, enséñanos a orar" (Lucas 11:1). Jesús había exhortado repetidamente a sus discípulos a que escucharan y aprendieran. Aun el Padre debió reprender a Pedro, Jacobo y Juan, diciéndoles que dejaran de hablar y escucharan a Jesús. El hecho de que estos mismos hombres "duros de oído" pidieran ser enseñados demuestra una decidida mejoría.

La actividad demoníaca prácticamente desaparece

En los primeros nueve capítulos de Lucas, vemos demonios muy agresivos alzando sus horribles cabezas en todo lugar y en grandes cantidades. No obstante, en lo que resta de Lucas (los siguientes catorce capítulos) *solamente se mencionan dos demonios*, y ninguno de ellos es agresivo tipo Rambo. De hecho, ¡ambos demonios son tan correctos que parecen haberse graduado de un colegio secundario privado! Uno es un demonio mudo que se retira sin chistar (véase Lucas 11:14). El otro es un espíritu que había atormentado a una mujer durante dieciocho años, pero Jesús la sana sin siquiera dirigirse al demonio (véase Lucas 13:12).

La ausencia casi total de actividad demoníaca en los últimos catorce capítulos de Lucas son prueba contundente de que los vientos espirituales habían cambiado y que el nuevo clima no resultaba amigable para la actividad demoníaca.

Las multitudes comienzan a incrementarse hasta que todos suben abordo

"La gente se quedó asombrada". "... Crecía la multitud" (Lucas 11:14, 29 - NVI). A diferencia del tiempo en que amigos, vecinos y extranjeros se volvían contra Él, las multitudes ahora acudían a Jesús en gran número, tan es así que les dijo: "Todos se esfuerzan por entrar en el reino de Dios" (véase Lucas 16:16). ¡Esa realmente es receptividad al cien por ciento!

Jesús toma la ofensiva

En lugar de esperar que los líderes religiosos intentaran atraparlo con sus preguntas arteras, Jesús tomó la iniciativa para exponer a los líderes de la clase dirigente religiosa como farsantes (véase Lucas 11:35-52).

Públicamente los llamó hipócritas: "Guardaos de la levadura de los fariseos, que es la hipocresía" (Lucas 12:1).

Los humilló (véase Lucas 13:17).

Sus enemigos, antes tan seguros de sí mismos, se percataron de repente de que no podían dañar a Jesús tal como lo habían tramado cuando el clima les era favorable. Ahora deseaban que Herodes hiciese algo para solucionar su problema. Pero Jesús los desafió a ellos *y a Herodes* públicamente: "Id, y decir a aquella zorra: He aquí, echo fuera demonios y hago curaciones hoy y mañana, y al tercer día termino mi obra" (Lucas 13:32). Jesús les estaba diciendo a los fariseos: "No hay nada que ustedes ni Herodes puedan hacer. Yo *cumpliré* mi misión".

Los fariseos, un grupo siempre tan crítico y dogmático, habían sido silenciados: "Éstos estaban acechando a Jesús... Pero ellos se quedaron callados...Y no pudieron contestarle nada" (Lucas 14:1, 4, 6 - NVI). Sus ataques quedaron reducidos a la murmuración y a la burla (véanse Lucas 15:2; 16:14), acciones muy estúpidas e insignificantes para este grupo tan orgulloso que había estado, hasta hace muy poco tiempo atrás tramando matar a Jesús.

El ejército de Jesús en marcha suma nuevos reclutas

Sus discípulos vinieron a Él y pidieron que incrementara su fe, un pedido muy saludable (véase Lucas 17:5). Mientras que en el pasado ellos discutían o ignoraban a Jesús, ahora de cara a una misión, pedían las herramientas (fe) para poder cumplir con ella.

Por este tiempo, Jesús sumó a los niños a su ejército, definiéndolos como modelos de conducta para sus seguidores:

> Traían a él los niños para que los tocase; lo cual viendo los discípulos, les reprendieron. Más Jesús, llamándolos, dijo: "Dejad a los niños venir a mí, y no se lo impidáis; porque de los tales es el reino de Dios. De cierto os digo, que el que no recibe el reino de Dios como un niño, no entrará en él" (Lucas 18:15-17).

Más tarde en Jericó, un pobre ciego se sanó y toda la ciudad fue alcanzada:

> Jesús le dijo: "Recíbela, [la vista] tu fe te ha salvado". Y luego vio, y le seguía, glorificando a Dios; y todo el pueblo, cuando vio aquello, dio alabanza a Dios (Lucas 18:42, 43).

Un capítulo muy decisivo

En Lucas capítulo 19, Satanás sufre un gran contratiempo cuando Jesús puso de su lado a uno de sus mejores jugadores, Zaqueo, uno de los principales recolectores de impuestos y un hombre tan odiado que sus conciudadanos lo consideraban imposible de redimir (véase Lucas 19:2-9). Con el juego del diablo hecho jirones, Jesús comenzó a sumar puntaje.

Las multitudes acudían a él de todas partes y, habiéndose hecho discípulos de él, tomaron un rol activo en su misión:

> Toda la multitud de los discípulos, gozándose, comenzó a alabar a Dios a grandes voces por todas las maravillas que habían visto, diciendo: "¡Bendito el rey que viene en el nombre del Señor; paz en el cielo, y gloria en las alturas!" (vv. 37, 38).

Cuando los líderes religiosos se quejaron de que la multitud estaba demasiado entusiasmada, Jesús subrayó lo *inevitable* de su victoria: "¡Os digo que si estos callaran, las piedras clamarían!" (v. 40).

Luego Jesús marcó un gol definitivo cuando expulsó del templo a los mercaderes y cambistas de dinero (véanse los vv. 45, 46). Marcó mayor puntaje cuando, subsiguientemente, enseñaba todos los días en el templo a pesar del odio de los líderes religiosos (véase el v. 47). Esto es muy significativo porque el templo era el reducto de los líderes religiosos. Jesús se apropió de él y lo transformó en su púlpito. Las multitudes, tan despreciadas por la dirigencia religiosa, se convirtieron en su escudo e hicieron imposible que los principales sacerdotes y escribas pudieran siquiera *intentar* dañar a Jesús: "Y no hallaban nada que pudieran hacerle, porque todo el pueblo estaba suspenso oyéndole" (v. 48).

Camino libre para la victoria

En los días siguientes como los enemigos de Jesús estaban tan desprestigiados, la oposición desapareció y huyó. Para este tiempo el clima espiritual se encontraba en el polo opuesto de aquellos días de desánimo del capítulo 9.

Jesús eligió no responder más a las preguntas de los que se le oponían (véase Lucas 20:1-8). Los líderes religiosos, que alguna vez habían tenido tanto poder sobre la gente, comenzaron a temerles a las multitudes que rodeaban a Jesús, hecho que los obligó a enviar espías porque no se animaban a acercarse a Él. ¿Cuál era la misión de los espías? Acercarse a Jesús para encontrar algún dicho subversivo que les permitiera entregarlo a la autoridad del gobernador romano (véase el v. 20).

Pero los espías fracasaron y se tuvieron que callar (véase el v. 26). Finalmente, perdieron su coraje:

> Respondiéndole algunos de los espías, dijeron: "Maestro, bien has dicho". Y no osaron preguntarle nada más (Lucas 20:39, 40).

Jesús tomó total control de la situación, expresando con total convicción: "El cielo y la tierra pasarán, pero mis palabras no pasarán" (Lucas 21:33). Ya que no había ninguna oposición importante a su alrededor, con el completo respaldo de las multitudes Jesús se apoderó del territorio del enemigo: "Y enseñaba de día en el templo... Y todo el pueblo venía a él por la mañana, para oírle en el templo" (vv. 37, 38).

Satanás pierde el control

Finalmente Satanás se manifestó abiertamente porque sus subalternos no podían hacer nada ante la multitud de gente común que rodeaba a Jesús con tanto entusiasmo. Se sabe que un equipo de fútbol está en problemas cuando un entrenador con sobrepeso manda al banco al capitán del equipo, pide prestada una camiseta e ingresa a la cancha para tratar de ejecutar un juego final de crucial importancia. Eso es exactamente lo que ocurrió cuando Satanás dio el paso determinante para entrar en Judas (véase Lucas 22:3).

Al principio Judas resultó ser de mucha ayuda ya que conocía el lugar en el que Jesús estaba orando de noche solo y ofreció traicionarlo ante los principales sacerdotes (véase el v. 4). Satanás quizás se haya dicho, *Yo estaba totalmente equivocado, he estado utilizando demonios, líderes religiosos, a la naturaleza, y no he llegado a ningún lado. ¡Pero en el momento en que logré poner mis manos sobre uno de sus discípulos, conseguí entrar al área de gol de Jesús!* Motivado por el primer sabor a éxito que sentía en mucho tiempo, Satanás pidió permiso para reclutar a otro jugador, Pedro: "Simón, Simón, he aquí Satanás os ha pedido para zarandearos como a trigo" (Lucas 22:31).

Lo que Satanás no llegó a ver fue que Jesús había amagado hacia la derecha, luego había esquivado al adversario hacia la izquierda y estaba listo para lanzar ese pase triunfal que devastaría al diablo y a su emporio demoníaco. Tan solo unas pocas semanas más tarde, en el día de Pentecostés, Simón Pedro se arrodillaría, tomaría los picaportes de las puertas del infierno, los abriría con decisión y anunciaría al mismo fondo del infierno: "¡Los primeros tres mil cautivos en línea, salgan ya!" Cuando esto ocurrió, Satanás solo pudo quedarse mirando atónito mientras Pedro lideraba el primero de los muchos asaltos liberadores contra su reino, ya mortalmente herido.

Mientras tanto, Jesús se convertiría en el supremo Cordero entregándose a sí mismo, eligiendo no tomar represalias sino bendecir, lo que lo condujo a la victoria total en Lucas 23. Allí convirtió a los lobos de Satanás y en ovejas suyas: guió al ladrón a la salvación y al centurión hacia la fe, y las multitudes se retiraron golpeándose el pecho al darse cuenta de que habían sido partícipes de un gran error. Esto preparó la escena para las conversiones en masa que comenzaron en el día de Pentecostés.

Confío en que hayamos podido ver en este breve estudio del Evangelio de Lucas estos dos climas espirituales tan diferentes: el clima cada vez más hostil en los primeros nueve capítulos y un clima absolutamente favorable en los capítulos finales.

Cómo y cuándo cambió el clima espiritual

¿En qué momento puntual cambió el clima espiritual? Sucedió en el capítulo 10, cuando los mismos poderes demoníacos que habían golpeado a Jesús y derrotado a varios de sus discípulos de pronto perdieron fuerza y finalmente se rindieron. Jesús había enviado a setenta de sus discípulos de dos en dos a proclamar la llegada del Reino en cada ciudad que Él planeaba visitar:

> Volvieron los setenta con gozo, diciendo: "Señor, aun los demonios se nos sujetan en tu nombre" (Lucas 10:17).

Jesús explicó cuál era la razón de esos cambios para bien: "Yo veía a Satanás caer del cielo como un rayo" (v. 18). En otras palabras, Satanás mismo había sufrido una derrota *importante*.

Ahora sabemos *cuándo* cambió el clima, veamos *cómo* sucedió. ¿Qué fue lo que produjo esta transformación drástica? El momento clave ocurrió cuando los setenta, a diferencia de los doce, acordaron mezclarse de una manera amigable y conciliatoria con las mismas personas que el diablo estaba utilizando contra Jesús, "los lobos", como los llamó Jesús (Lucas 10:3). *El cambio tuvo lugar precisamente cuando los discípulos declararon paz sobre aquellos que estaban listos para hacerles daño.* Esta acción condujo, luego, a la reconciliación y a la comunión (véanse los vv. 5, 7). En ese preciso momento, el ejército *humano* de Satanás fue neutralizado, y finalmente desertó cuando el reino de Dios se le acercó.

Para comprender cómo funciona esto, es de crucial importancia entender que el diablo no nos puede dañar con una sola movida; *él necesita dos para lograrlo.* La primera jugada de Satanás es provocar que alguien nos lastime lo suficientemente mal como para que dejemos que el sol se ponga sobre nuestro consiguiente enojo (véase Efesios 4:27). Luego él se mete de inmediato, adentrándose en nuestro territorio, con toda capacidad para dañarnos, *porque le hemos dado oportunidad de hacerlo.* Nuestra negativa a perdonar constituye una forma de maldición, como ilustra la parábola de los dos deudores en Mateo 18:22-35. En esta historia tanto el ofensor como el ofendido fueron entregados a los torturadores (el diablo y sus demonios). Evidentemente el diablo sabe cómo propinar este doble golpe para obtener jurisdicción sobre nosotros. Esta es la mala noticia. Ahora oigamos las *buenas* noticias.

Cómo cae Satanás

Si el enojo no resuelto le da lugar al diablo, entonces bendecir a aquellos que él utiliza para hacernos enojar debería invalidar esa jurisdicción. Al declarar paz en toda la ciudad, los setenta invalidaron la jurisdicción que poseía el diablo sobre una extensa región. Desprovisto de su autoridad, el diablo no tuvo más opción que ir hacia abajo, como describió Jesús: "Yo veía a Satanás caer del cielo como un rayo" (Lucas 10:18).

La caída de Satanás se precipitó cuando Jesús envió a los setenta "a toda ciudad y lugar adonde él había de ir" (Lucas 10:1). Esta movida de Jesús constituyó una estrategia *envolvente* que tenía como propósito cubrir un área completa con sus múltiples ciudades y pueblos y no únicamente una o dos casas. Reprodujimos esta estrategia en San Nicolás un sábado por la tarde en nuestro proyecto de una semana. Ese día se declaró paz sobre cada hogar de la ciudad, se caminó por cada vereda orando y levantamos una cobertura de oración sobre cada vecindario. Al revertir el proceso a través del que el diablo había obtenido jurisdicción, provocamos su caída y la huída o capitulación de su ejército. Cuando el comandante en jefe se rinde o huye, los soldados hacen lo mismo inmediatamente: "Señor, aun los demonios se nos sujetan en tu nombre" (Lucas 10:17).

Al revertir el proceso a través del que el diablo había obtenido jurisdicción, provocamos su caída y la huída o capitulación de su ejército.

Cuando hicimos esto, bendecir la ciudad entera en una noche, tuve la sensación de que algo poderoso había acontecido; pero no comprendía exactamente de qué se trataba, mucho menos el alcance que tendría lo ocurrido. Fue como el primer sutil cambio en el clima espiritual, un mínimo cambio en la dirección del viento, pequeño pero perceptible, que precede a los cambios de clima más importantes. Esa semana vimos como la iglesia en San Nicolás obtuvo ventaja en su lucha contra las fuerzas del mal. Esto se evidenció claramente por primera vez el sábado cuando visitamos cada hogar y tantas personas concurrieron a la feria de oración. El cambio de clima se confirmó en la forma natural en que fluyó el poder de Dios en los puestos de oración en la feria y en la avidez con que las personas recibían al Señor.

Satanás es aplastado por el Dios de paz

Le pregunté al Señor por qué motivo esta victoria sobre las tinieblas parecía y resultaba tan fácil, y me llevó a Romanos 16:20 (énfasis del autor): "Y el Dios de *paz* aplastará en breve a Satanás *bajo vuestros pies*". Este versículo abrió mis ojos a un error garrafal que habíamos estado cometiendo al hacer guerra espiritual: Le dábamos más valor a la guerra que a la paz. No es el Dios de guerra sino el Dios de *paz* el que aplasta a Satanás, y lo hace bajo *nuestros* pies, por lo tanto es necesario que caminemos en paz.

Jesús ya ha vencido al diablo. Lo hizo en el Calvario. Ahora debemos marchar sobre el terreno en el que Satanás yace derrotado por la sangre vertida en la cruz; y mientras caminamos en paz, vamos pisando sobre el enemigo caído y Dios aplasta su cabeza bajo nuestros pies. Esto es exactamente lo que sucedió ese miércoles por la tarde cuando caminamos orando por la ciudad de San Nicolás en paz. Para ubicar esto dentro de un contexto bíblico más amplio, miremos el libro de Efesios, un libro que *por excelencia* trata el tema de cómo alcanzar ciudades.

En su carta a la iglesia en Éfeso, Pablo no introduce los principios de guerra espiritual contra el diablo y las fuerzas de oscuridad *para comenzar a enseñar a la iglesia cómo hacer la paz* a través de categorías principales que representan divisiones o brechas, que afectan a grupos de personas dentro de la sociedad. Pablo nos manda primero a cerrar estas brechas: la brecha étnica, la brecha denominacional, la brecha generacional y la brecha de la riqueza, *antes de iniciar cualquier guerra contra el diablo.* Nos fijaremos más detenidamente en estas brechas y cómo cerrarlas en el capítulo 5; pero es importante que comprendamos la fórmula para ganar ciudades: *Declarar la paz en la ciudad antes de hacer la guerra en las regiones celestes.*

Esto se reafirma en el prefacio a la guerra espiritual que hace Pablo, en el que nos instruye: "Fortaleceos en el Señor, *y* en el poder de su fuerza" (Efesios 6:10). Aquí encontramos dos grupos de instrucciones diferentes, como nos lo indica la conjunción. Cada una de las frases identifica el componente clave de una fórmula que tiene dos partes. La primera es *defensiva*; la segunda es *ofensiva*. Y más importante aun, la segunda etapa no debe iniciarse hasta que hayamos ejecutado por completo la primera.

No nos limitemos a ponernos la armadura, pongámonos toda la armadura

Estar fuertes en el Señor, en el contexto de la epístola entera, significa cerrar seis brechas. Ya que en Cristo no hay ni judío ni gentil (brecha étnica), ni Pablo ni Cefas ni Apolos (brechas denominacionales y ministeriales), ni varón ni mujer (brecha de géneros), y que tanto los padres como los hijos, los amos como los siervos (brechas generacionales y de riqueza) tienen el mismo Padre y Señor en el cielo, en el que no hay ninguna parcialidad. (Véanse Romanos 10:12; 1 Corintios 3:21, 22; Gálatas 3:28; Efesios 6:9).

Habiéndose ocupado de esta muy importante maniobra defensiva, Pablo ahora señala al enemigo y destaca la necesidad de estar firmes en el poder de la fuerza del Señor para llevar a cabo la dimensión ofensiva:

> Vestíos de toda la armadura de Dios, para que podáis estar firmes contra las acechanzas del diablo. Porque no tenemos lucha contra sangre y carne, sino contra principados, contra potestades, contra los gobernadores de las tinieblas de este siglo, contra huestes espirituales de maldad en las regiones celestes. Por tanto, tomad toda la armadura de Dios (Efesios 6:11-13).

Es importante observar que Pablo indica dos veces en este pasaje que necesitamos ponernos *toda* la armadura de Dios. Pronto entenderemos el porqué.

En primer lugar viene *el cinturón de la verdad*. Nos hemos colocado esta pieza cuando el Espíritu Santo, el Espíritu de verdad, nos convenció de nuestra pobreza espiritual, nos dio convicción de nuestro pecado y nos reveló la maravillosa salvación disponible en Cristo.

Esto es seguido por *la coraza de justicia*, que es la justicia de Cristo y se refiere a que nos apropiemos de ella a través de la fe en su muerte expiatoria. Nos hemos puesto esta armadura el día que fuimos salvos.

La tercera pieza de la armadura es la *clave* del tema que estamos tratando: "y calzados [nuestros] pies con el apresto del evangelio de la paz" (Efesios 6:15). Para que podamos visualizarlo mejor lo describiré como "calzarse las sandalias del evangelio de la paz". Cuando nos calzamos los zapatos o las sandalias, es porque estamos por caminar. Por este motivo nunca utilizamos zapatos para ir a la cama. De manera que la instrucción de colocarse esta pieza de la armadura implica que debemos caminar, y no solo caminar, sino caminar en paz. Yo presupongo que esto sucede para que podamos ver a Satanás aplastado bajo nuestros pies (véase Romanos 16:20).

Entonces, ¿cómo caminamos en paz? Declarando paz sobre aquellos que nos han maldecido. Este es nuestro contraataque ante el diablo, que solía tenernos a *nosotros* bajo *sus* pies. Ahora podemos ponerlo a él bajo nuestros pies y verlo aplastado, esto lo hacemos quitándole cada jurisdicción que se le haya entregado a través del enojo (véase Efesios 4:26, 27). Eso fue lo que sucedió en Lucas 10, cuando los setenta salieron a recorrer cada ciudad y pueblo. Esto fue también lo que vimos ocurrir en primer lugar en San Nicolás y luego en gran número de ciudades en todo el mundo.

La caída de Satanás y su remoción de nuestra esfera inmediata se confirma con la utilización de la siguiente arma, *el escudo de la fe*, para que podamos "apagar todos los dardos de fuego del maligno" (Efesios 6:16). Podemos concluir categóricamente que el diablo ha salido del lugar en el que estaba por el arma que él utiliza en este momento: misiles. Los misiles nunca se disparan desde un lugar cercano sino desde cierta distancia. ¿Qué implica esto? Que el diablo se ha retirado de nuestra área y está limitado a dispararnos desde lejos. ¿Cuándo huyó? Cuando caminamos en paz, invalidando las jurisdicciones que le habían sido otorgadas a causa del enojo producido dentro de nuestra esfera de influencia.

¿Es posible expulsar al diablo de la ciudad?

Santiago toca este tema cuando nos asegura que el diablo "huirá" de nosotros (Santiago 4:7). El componente de enojo que el diablo necesita para obtener autoridad sobre nosotros Santiago lo identifica al referirse a las peleas y discusiones entre los cristianos (véase Santiago 4:2). Habiendo identificado la relación causa-efecto que existe entre las peleas o discusiones y la cercanía satánica, luego nos dice que *es posible alejar al diablo de nosotros*. Yo entiendo que, literalmente, esto significa que es posible expulsar al diablo de la ciudad. Santiago no señala la manera en que una sola persona puede hacer que el diablo huya de ella, sino cómo puede lograrlo *un cuerpo de creyentes* para que el área en la que viven sea libre del enemigo. No dirige la epístola a un individuo sino "a las doce tribus que están en la dispersión" (Santiago 1:1). Casi todo el capítulo 4 está escrito en plural. Entonces, cuando Santiago dice: "Resistid al diablo, y huirá de *vosotros*" (Santiago 4:7, énfasis del autor) quiere decir *todos ustedes* (plural). La implicancia es inevitable: Es posible sacar al diablo de nuestros hogares, de nuestros vecindarios, de nuestras ciudades y de nuestras provincias. Al decir sacar, me refiero a quitarle a Satanás la ventaja de la que ha disfrutado por tanto tiempo en el mundo espiritual, para que en su lugar la iglesia tenga esa ventaja. Hemos visto suceder esto en ciudades, y ahora comenzamos a verlo en regiones y en naciones como Singapur, las Filipinas y otros países, (ya lo trataremos más adelante).

Yo estimo que uno de los más grandes errores de la literatura que trata sobre la guerra espiritual y de la práctica de ella, ha sido pasar por alto el poder que hay en el caminar en paz; que constituye un arma verdaderamente capaz de expulsar al diablo de nuestro medio. Lo que tontamente hemos elegido es el combate cuerpo a cuerpo. Cualquier comando nos diría que este tipo de disputa resulta la manera más peligrosa de pelear una guerra. Por eso es de crucial importancia que tengamos como objetivo principal cambiar el clima espiritual y no orar desordenadamente por nuestros vecinos.

Ahora que el concepto de evangelismo de oración se está generalizando y comienzan a surgir faros de oración en tantos lugares, nada le agradaría más al diablo que la iglesia no descubriera que el secreto de la victoria reside en cambiar el clima espiritual de regiones enteras que lo obliguen a huir. Que la iglesia tome el control del clima espiritual *es* posible, pero requiere un movimiento concertado, envolvente como el que se describe en este capítulo.

Si esto es así, la pregunta que debe hacerse es: ¿Por qué no está sucediendo? Si el principio está tan simple y tan claro en las Escrituras, ¿por qué no lo hemos tenido en cuenta en todos estos años? ¿Y por qué, después de que nos ha sido mostrado, *seguimos* sin tenerlo en cuenta? La respuesta está en el arma que utiliza el diablo sin obstáculo alguno, simplemente *porque no tenemos la menor idea de que él tiene acceso a ella*. Para conocer cuál es esta arma y cómo entra en juego el resto de nuestra armadura, por favor continuemos leyendo.

CAPÍTULO 4

LA VERDAD ACERCA DE LAS VERDADES BINARIAS

Satanás ha manipulado nuestra comprensión de la palabra de Dios con el propósito de evitar que aceptemos los nuevos paradigmas que permitirán que nuestras ciudades sean transformadas.

La iglesia tiene autoridad "sobre toda fuerza del enemigo" (Lucas 10:19). Esta autoridad proviene de la más alta fuente, el Señor mismo, y no hay contraorden ni anulación posible. Dado que el maligno y su poder están bajo el dominio de la iglesia, ¿qué mecanismo tiene él a su disposición para mantener en jaque a la iglesia a pesar de nuestra *contundente* ventaja? Yo sugiero que Satanás manipula nuestra comprensión de la palabra de Dios para producir paradigmas equivocados. Antes de hablar de cambios de paradigmas (modificación en nuestras estructuras de pensamiento), tema central de este libro, es imprescindible que reconozcamos y comprendamos la estrategia que usa el diablo para impedir que la iglesia ejerza sobre él la autoridad que Dios le ha otorgado.

Debo introducir una verdad muy alarmante: El diablo ha hechizado a la iglesia. Aunque esto suene a blasfemia, es completamente *bíblico*. En el Nuevo Testamento encontramos evidencia de que él es capaz de hacerlo: "¡Gálatas torpes! ¿Quién los ha hechizado a ustedes, ante quienes Jesucristo crucificado ha sido presentado tan claramente?" (Gálatas 3:1, NVI). La palabra "hechizado" significa "haber caído bajo un encantamiento maligno", y la fuente de procedencia no puede ser otra que el mismo diablo. En el caso de los gálatas, el maligno infiltró sus procesos de pensamiento (paradigmas) alejándolos de la dimensión sobrenatural de la cruz y bajándolos al nivel de la especulación humana: "¿Tan torpes son? Después de haber comenzado con el Espíritu, ¿pretenden ahora perfeccionarse con esfuerzos humanos?" (Gálatas 3:3, NVI).

Satanás logra decepcionar a la iglesia de una manera muy sutil. Como dice Jack Hayford, el diablo no nos saltará de detrás de un arbusto para gritarnos: "¡Aléjate de Dios!" Él sabe bien que no nos vamos a dejar engañar de esa manera. Tampoco va a aparecer ante nosotros como la mascota del equipo de básquetbol de un colegio, portando cuernos y cola e hincándonos con su horquilla. Por el contrario, la Biblia muestra al diablo como alguien que se presenta a sí mismo como un ser entendido y respetable, mientras sistemáticamente apunta a controlar la mente de su interlocutor. ¿Cómo lo logra? Por medio del mal uso de la Palabra.

El partido de los siglos

En cualquier campeonato deportivo que se defina por medio de tres partidos (lo que significa que el equipo ganador debe ganar dos de los tres partidos), el encuentro decisivo es el segundo. Esto es así porque si un equipo ha ganado el primer partido, solo tiene que ganar el segundo para ser campeón. Sin embargo, el otro equipo necesita desesperadamente ganar el segundo partido para "mantenerse en la lucha" y forzar de ese modo un desempate. Si el equipo *logra* ganar el segundo partido, el peso de la ventaja estará de su lado. Este segundo partido resulta clave.

La Biblia nos cuenta de un campeonato de esta índole que se llevó a cabo en el desierto de Palestina alrededor del año 30 d.C. De un lado estaba Jesús, el Hijo de Dios; del lado opuesto, Satanás, el dios de este mundo. Este era el partido de los siglos. Al final del primer encuentro, el marcador decía: "Jesús 1, Satanás 0". Al arrancar el segundo partido, el diablo sabía que tenía que ganar o *estaría acabado*. Cuando un equipo y su entrenador están en semejante aprieto, resulta imprescindible que utilicen las mejores jugadas, que lleven adelante el mejor juego para ganar ese partido decisivo. En el fútbol, cuando el equipo en desventaja necesita con desesperación marcar un gol, el entrenador manda a todos sus jugadores hacia adelante, ¡*inclusive al arquero*! Cuando Satanás se vio en esta situación de déficit, ¿qué arma utilizó? ¡La palabra de Dios (véase Mateo 4:5, 6), la

Palabra *escrita*! Yo considero que el diablo sigue utilizando las mismas tácticas hoy en día, y debemos desenmascarar sus conspiraciones. Consideremos por un momento la arrogancia de Satanás, al elegir tentar a Jesús, *el* Verbo (la Palabra), con la Palabra escrita. Aunque falló aquella vez, el diablo no ha modificado su táctica en dos mil años. Satanás es un conspirador y un engañador, e intenta manipular la palabra de Dios en su accionar contra la iglesia, esperando obtener sobre nosotros una ventaja decisiva que pase *desapercibida*. ¿Cómo emplea Satanás la Biblia en contra de nosotros? Exactamente de la misma manera que lo hizo cuando tentó a Jesús. No alteró ni tergiversó la Palabra. En lugar de ello, su estrategia radicaba en sugerir una interpretación y una aplicación al texto que había citado.

Buena cita, pero aplicación engañosa

Satanás trata constantemente de producir el efecto *contrario* a aquel para el que fue diseñada la inalterable Palabra escrita. Sus conspiraciones son más efectivas cuando se lleva a cabo una aplicación errónea de lo que yo defino como *verdades binarias*. Denomino así a aquellas verdades que se presentan de un modo paralelo dentro de un mismo versículo o pasaje, por ejemplo: gracia y verdad en Juan 1:14, poder y sabiduría en 1 Corintios 1:24 y misericordia y gracia en Lucas 10:30-37.

Estas verdades aparecen en el texto de a pares porque cada componente se diseñó para energizar al otro por sinergia. Hay un poder exponencial latente dentro de cada una de estas verdades que se libera cuando se la utiliza en la *proporción* y *secuencia* correctas. Es como el Poxipol[1], el pegamento que viene en dos tubos separados y que debe mezclarse en partes iguales para lograr la reacción química que produzca el extraordinario poder del pegamento. Si utilizamos más cantidad de un tubo que del otro, la reacción química no tendrá lugar o será parcial, dando como resultado un pegamento no tan poderoso ni tan durable.

1 En algunos países, según la marca, poseen otros nombres (ejemplo: Epoxy).

La Biblia contiene muchos ejemplos de verdades binarias. Sin embargo, hay tres grupos en particular que Satanás utiliza en sus principales esfuerzos de engañarnos. ¿Por qué estos tres? Porque estos tres grupos de verdades son esenciales para que comprendamos la encarnación de Dios (gracia y verdad), la resurrección de Jesús (poder y sabiduría) y la obra del Espíritu Santo en el no creyente (misericordia y gracia). La correcta comprensión de estas verdades binarias es de gran importancia para que la iglesia adopte los nuevos paradigmas que le permitan alcanzar ciudades para Cristo. Examinemos estas verdades binarias de a una por vez.

Gracia y verdad

Juan 1:14 dice: "Y aquel Verbo fue hecho carne, y habitó entre nosotros (y vimos su gloria, gloria como del unigénito del Padre), *lleno de gracia y de verdad*" (énfasis del autor). Juan menciona primero la gracia y luego la verdad, para describir lo que él y los demás veían al contemplar a Jesús. Primero veían gracia y entonces, y únicamente entonces, percibían la verdad. Esta secuencia resulta muy importante. Debemos tener en cuenta que no solo las palabras de la Biblia son inspiradas, sino también el orden en el que se las presenta.

La secuencia en este pasaje nos dice que Jesús llevaba consigo el equipamiento correcto para conectarse con los pecadores: gracia. Solo los pecadores pueden beneficiarse de su gracia, y solo ella permite que un Dios tres veces santo entre en contacto con los pecadores sin comprometer su santidad.

A lo largo de los Evangelios vemos que a Jesús no lo incomodaba recibir a los pecadores ni ser recibido por ellos. Con excepción de los fariseos y de los otros líderes religiosos, ningún pecador dejó de conectarse con Jesús. Cuanto más sucio y bajo era, más atracción parecía sentir por Jesús. Este fue el caso de Zaqueo, tal vez el más grande sinvergüenza de la Palestina de aquel tiempo; de la mujer sorprendida en el mismo acto de adulterio; de María Magdalena, una mujer con una vida signada por la inmoralidad y la opresión demoníaca; del ladrón crucificado junto a Jesús; de la mujer samaritana en el pozo de agua, una verdadera intocable a la que Jesús tocó; y de muchos otros también. Todos estos pecadores sentían profunda atracción por Jesús. ¿Por qué? Porque cuando lo miraban por primera vez, lo que veían era una gracia que les comunicaba que con Jesús el rechazo (la mayor preocupación del que está inmerso en el pecado) no estaba dentro de las *posibilidades* .

Los pecadores acudían a Él de a miles, atraídos por la gracia que proyectaba abiertamente. En Lucas 9:51-53, se nos dice que los samaritanos no se agolparon alrededor de Jesús porque Él escondió su rostro deliberadamente. Si ellos hubieran visto su rostro, habrían sido atraídos a Él ya que su faz llevaba la palabra "bienvenido" grabada con letras de gracia. Cuando los pecadores venían a Jesús, Él les enseñaba una verdad, una verdad divina, exigente y costosa en extremo, pero *siempre* agradable por el contexto de gracia en el que la presentaba.

Revertir el orden de los componentes nos presenta a un Jesús distinto

¿En qué nos hemos equivocado con los pecadores hoy en día? Hemos invertido el orden de los componentes en el grupo binario gracia-verdad. Cuando les presentamos a Jesús a las personas, generalmente les mostramos una verdad que ellos *primero* deben comprender, aceptar y obedecer como *precondición* para recibir gracia. De manera que cuando anunciamos el evangelio a los pecadores, pasamos la mayor parte del tiempo hablando largo y tendido sobre su maldad y que merecen el infierno, y dedicamos solo un pequeño instante a presentar la gracia, y lo hacemos recién al final. Nos han entrenado para "decir las cosas como son".

Desafortunadamente, a menudo elegimos el enfoque severo que utilizaría un fiscal para obligar por la fuerza al acusado a admitir su crimen en el estrado. Sin embargo, la verdad acerca de los perdidos (su naturaleza pecaminosa, su malvado estilo de vida y las terribles consecuencias de su naturaleza depravada) resulta evidente. No es difícil convencer a los pecadores de que se están pudriendo de adentro hacia afuera. Ya lo saben y no lo discutirían. Lo que no quieren ni necesitan es cristianos que se lo hagan saber, especialmente si tienen una actitud de superioridad moral.

Si Jesús se hubiera enfocado en esa dimensión dolorosa en su ministerio terrenal para comenzar a hablar con los perdidos, las personas se hubieran sentido rechazadas de inmediato. Es por eso que primero él se mostraba lleno de gracia. La gracia es el remedio perfecto para el pecado en el que las personas se encuentran. La gracia del Señor, en aquel tiempo y también ahora, proyecta el irresistible mensaje que nos dice que Él *desea* y *anhela* aceptarnos tal como somos. La gracia transmite la clara impresión de que no tenemos nada que perder y *todo* por ganar. Luego, una vez que nos encontramos seguros en su amoroso abrazo, Él nos alimenta de a cucharadas con la verdad a fin de transformarnos paulatinamente y conformarnos a su imagen.

La gracia transmite la clara impresión de que no tenemos nada que perder y todo por ganar.

Un abrazo amoroso antes del baño imprescindible

A través de los Evangelios vemos que Jesús se acercaba a los pecadores relatando parábolas que resaltaban la naturaleza llena de gracia del Dios encarnado. En la parábola del hijo pródigo, el padre justo vio a un joven que se parecía a su hijo pero que estaba cubierto de la mugre de los cerdos. Este hijo suyo que regresaba se veía y olía como un puerco, vestía harapos y estaba desprovisto del más mínimo rastro de dignidad. ¿Esperó él que su hijo se arrepintiese, se arrodillara y le rogase ser aceptado de vuelta? ¡No! El padre, que hacía largo tiempo esperaba el regreso de su hijo, cuando vio al joven, lo primero que hizo fue correr hacia él, abrazarlo, besarlo y luego dar órdenes para que se lo vistiese con ropas que reflejaran su condición de hijo en vez de su condición de sirviente. ¡El padre hizo todo esto mientras el hijo aun vestía sus vergonzosos harapos! Al contar esta parábola Jesús dejó ver con claridad su postura de que la gracia iba en primer lugar. Desafortunadamente, al invertir el orden de los elementos (gracia y verdad) disminuimos su eficacia de manera trágica.

Las personas no se sienten atraídas a *nuestro* Jesús porque antes de hablar de su amor y compasión por los pecadores, tendemos a enfatizar su odio al pecado y la penalidad que deberán pagar los pecadores no arrepentidos. Y esto lo hacemos con tanta intensidad que los pecadores no tienen otra opción que la de sentirse rechazados. Debemos aprender de Jesús, que es "manso y humilde de corazón" (Mateo 11:29).

Él vino a un mundo pecaminoso que estaba en total enemistad con Dios. Vivió treinta y tres años en una atmósfera espiritual horriblemente contaminada por la pecaminosidad del hombre. Él sabía de la depravación del hombre y la soportó porque sus ojos estaban puestos en la cruz y en el derramamiento de su sangre redentora por los que estaban atrapados por cadenas espirituales. Jesús, el Santo, no desconoce la presencia del pecado. Por eso Él está lleno de gracia.

Un aspirante a Maradona se mete en problemas

Aprendí la diferencia que existe entre *gracia y verdad* y *verdad y gracia* a través de la experiencia de un muchacho amante del fútbol que se había criado en la Argentina. Mi padre imponía una disciplina férrea. Era justo pero también inamovible llegado el momento de dictar sentencia y aplicar el correspondiente castigo corporal cuando se nos hallaba culpables de violar las reglas que nos habían explicado de antemano. Una de aquellas reglas era el no jugar al fútbol adentro de la casa, especialmente en nuestro hermoso patio interior del segundo piso que estaba rodeado de ventanales de vidrios de colores. La razón era obvia: Las pelotas de fútbol y los vidrios de colores no se llevan bien.

Yo no tenía ningún problema con esta regla ya que me parecía lógica y necesaria. Y la obedecía fielmente… hasta el día en que, al salir de mi habitación vi la pelota en una posición irresistible en el mismísimo centro del patio interior. Comprendí en ese momento lo que debía haber sentido Eva cuando puso sus ojos sobre el fruto prohibido. Quise resistir la tentación, ¡pero esa pelota era demasiado tentadora, muy seductora, completamente irresistible! Todo muchacho argentino nace con una pelota de fútbol al lado de su bolso de pañales; y cada padre, tío y abuelo le hace creer que él será el próximo Maradona. ¡De manera que la tentación de jugar con esa pelota resultaba prácticamente imposible de resistir!

Al principio me mantuve cauteloso y cuidadoso. Comencé tocando la pelota con la punta del zapato. La balanceé con delicadeza sobre mi pie y la envié a la rodilla. De allí hasta mi hombro derecho, hasta la cabeza y de allí al hombro izquierdo, desde donde la dejé caer en el lugar exacto y en el momento preciso para que mi pierna izquierda encontrara el balón en el aire. ¡Qué placer!

Delirante de emoción, pateé la pelota *con sumo cuidado* hacia la pared. No podía contener la alegría de ver la pelota rebotando de vuelta hacia mí. Después de un rato comencé a disfrutar del diálogo rítmico de ida y vuelta contra la pared. Una de las veces pateé la pelota demasiado alto y dio contra una de las ventanas, pero con alivio vi que nada malo había acontecido. *Quizás esas ventanas no se rompan tan fácilmente después de todo*, susurró una pequeña voz en mi subconsciente. *¿No sería maravilloso?* me dije.

Engañado y demasiado confiado en una falsa sensación de seguridad, incrementé el ritmo y la fuerza de cada puntapié mientras la pelota rebotaba por todo el patio. Me imaginaba jugando la final del Mundial. Argentina era finalista contra su archirival Inglaterra, y yo vestía la camiseta celeste y blanca con el número 10 estampado delante y detrás. El marcador estaba empatado, y el reloj señalaba que restaba solo un minuto de partido. Le correspondía tiro de esquina a la Argentina y mientras la pelota se acercaba volando hacia mí giré y la pateé con todas mis fuerzas. La pelota dominó al arquero y se clavó en la red. ¡Gol! ¡Gol! ¡Gol de Argentina!

Pero en lugar del abucheo de la tribuna y de un ejército de periodistas deportivos que gritaba mi nombre oí el claro sonido del vidrio roto cayendo al piso. Caí en cuenta de la cruda realidad: Yo no estaba jugando la final del Mundial, me encontraba en el patio interior de nuestra casa. *¡Y acababa de destruir una de las ventanas de vidrios de colores!* Había desobedecido a mi padre, y las consecuencias de mi desobediencia yacían por todo el piso en forma de restos de vidrio colorido.

El día que me fui de casa… a los siete años

La realidad era tremenda y yo estaba asustado. Mi padre me había advertido muy claramente sobre las consecuencias que conllevaría desobedecer su orden. Yo no quería tener que enfrentarlo. Él se encontraba en el trabajo y no se esperaba su regreso hasta dentro de un par de horas, pero yo estaba abrumado de temor. Así es que ese día me fui de casa, a los siete años, con la intención de nunca más volver.

Rápidamente empaqué mis pocas pertenencias, incluyendo el grillo que tenía de mascota. Metí unas galletitas en el bolsillo y me salí de allí. Decidí acampar la noche cerca de la parroquia de la Iglesia Católica. ¡Supongo que, inconscientemente, quería estar cerca de Dios por si acaso aparecía mi papá!

Estuve horas allí. Alrededor de las diez de la noche, mi madre finalmente me encontró.

—Vamos, vamos a casa —me dijo ella.

—Nunca. Papá me va a matar. Yo ya sé lo que me va a pasar —le respondí.

Entonces ella pronunció las palabras más tranquilizadoras del mundo para mí:

—Ya hablé con tu padre y ha prometido perdonarte. Quiere hablar contigo, pero no va a castigarte. Ha decidido ser bondadoso, porque yo se lo pedí, por supuesto.

¡Esas sí que eran buenas noticias! No me importaba quién se lo hubiera pedido con tal de que él fuese bondadoso. Acepté de inmediato volver a casa con mi madre. Sabía que tenía que enfrentar a mi padre, pero ya no era preciso escapar de él. De hecho, me alegraba de poder verlo. Cuando la gracia precede a la verdad, esta resulta intrigante, y aun atractiva.

Tensión entre la aceptación y la aprobación

Invertir el orden bíblico en la ecuación gracia-verdad hace estragos el mensaje central del evangelio y el evangelismo de oración en particular, especialmente en lo que se refiere a la natural tensión que se produce entre la aceptación y la aprobación. A menudo somos reticentes a orar por las necesidades de los pecadores por temor a que interpreten nuestro actuar como una tácita aprobación de sus comportamientos pecaminosos. ¿Qué hacemos entonces en vez de esto? En lugar de identificarnos con ellos e interceder por sus necesidades, nos sentimos obligados a hablarles *con mucha claridad* respecto a todo lo que están haciendo mal.

Nuestro actuar se origina en un genuino deseo de no comprometer al evangelio; pero nuestras actitudes sentenciosas y nuestra falta de compasión por la dificultad en la que se encuentran los pecadores se transmiten como rechazo. Así es que llegamos a violar la naturaleza misma del evangelio, que justamente consiste en buenas noticias para los pecadores.

Los pecadores precisan ver que nuestro Dios es en verdad Dios de compasión. Para ayudarlos a entender esto, nosotros mismos tenemos que comprender que, aunque Jesús es verdad, esa verdad debe reflejarse a través del atrayente prisma de la gracia.

Debemos levantar al Jesús correcto

Gracias a la parálisis espiritual que causa la manipulación satánica de esta verdad binaria, los cristianos a menudo no oran por las necesidades personales (salud, trabajo, prosperidad) de los que no son salvos, hasta que se hayan convertido. Si el negocio del no creyente se funde, nos regocijamos de su pérdida esperanzados en que su fracaso lo haga llegar a Cristo. Contemplamos el sufrimiento en el que se halla y nos decimos, *"Se tendría que haber dado cuenta"*. ¿No es verdad? Olvidamos el hecho de que el pecado es una condición que ciega y que finalmente pervierte la mente, haciendo que los pecadores enfermen espiritualmente y se auto-destruyan.

Pensamos, *"Ya son grandes, deberían saber cómo comportarse"*. ¿Son grandes? Aquellos que crucificaron a Cristo eran líderes religiosos con un profundo conocimiento de las Escrituras, y sin embargo Cristo los absolvió, diciendo: "Padre, perdónalos, porque no saben lo que hacen" (Lucas 23:34).

La verdad sin la gracia mata. A menudo cuando vemos a los perdidos, nos enfocamos en su pecaminosidad y la evidencia de ella manifestada en una conducta destructiva, y dejamos de aprovechar el depósito de fe que Dios nos otorga para que oremos por lo que Dios tiene previsto para ellos. En vez de orar la promesa (la promesa de Dios) acabamos orando el problema (el problema que Satanás ha creado para dañarlos) tal como solía hacer yo hasta que el Señor me reprendió.

Debemos confesar que *todo* lo que el diablo ha pensado para mal, Dios lo utilizará para bien, y que *nada* es imposible para Él. Al hacer esto, crecerá la fe y muy pronto nos encontraremos mirando y palpando aquello que hemos esperado.

¡Oremos la promesa en lugar del problema! De lo contrario, presentaremos a un Jesús que armoniza bien con nuestra teología pero que es ajeno a los Evangelios, un Jesús al que nos esforzamos por poner en alto pero que no atrae a *ninguna* persona a sí mismo como prometió que lo haría. ¿Por qué? Porque el maligno ha manipulado nuestra comprensión de las Escrituras, y terminamos por levantar al Jesús equivocado.

Poder y sabiduría

Otra verdad binaria clave es la que combina el poder y la sabiduría como lo describe Pablo en una carta a los corintios. Él escribió: "Me propuse no saber entre vosotros cosa alguna sino a Jesucristo, y a éste crucificado" (1 Corintios 2:2). Pablo establece en este capítulo, que *lo más importante* que les enseñó a los corintios fue a Cristo crucificado.

¿Qué quiso decir con esto? Anteriormente Pablo había explicado que Cristo crucificado era *primeramente* poder de Dios y *luego* sabiduría de Dios (véase 1 Corintios 1:23, 24). Aquí encontramos otra verdad binaria y, como tal, el orden en el que se presentan los componentes es crucial. Observemos que el orden bíblico es *primeramente* poder y *luego* sabiduría.

¿Qué ha hecho el enemigo con esta verdad? Como en el caso de gracia y verdad, ha invertido el orden en gran parte de la iglesia. Como resultado predicamos un evangelio que pretende presentar la sabiduría de Dios, asumiendo que una vez que la persona la reciba, experimentará el poder de Dios. ¿Eso es equivocado? No, pero tampoco es excelente porque *no refleja la intención primaria* del pasaje, cuyo propósito es señalar que una manifestación del poder de Dios conduce a las personas hacia Dios.

Cuando testificamos a un desconocido, ¿tratamos de hacer que la persona *experimente* el poder de Dios para que entonces tenga deseos de conocer más acerca de su sabiduría? ¡No, todo lo contrario! Ahogamos a la persona con todo tipo de información y queremos que la acepte como sabiduría de Dios, y le presentamos la decisión de recibir a Cristo como preámbulo para experimentar su poder. Pero esto no es lo que Pablo les dijo a los corintios. Estableció inequívocamente que la manifestación de poder debe *preceder* a la dispensación de la sabiduría. Este es punto central del evangelismo de oración.

Para enseñarles a los cautivos, primero debemos liberarlos

¿Por qué es importante que los pecadores experimenten el poder de Dios? Me vienen a la mente al menos tres motivos:

Primero, porque los pecadores están cautivos bajo el dominio de Satanás y solamente un encuentro de poder puede liberarlos (véase Hechos 26:18). No podemos enseñarles a los no creyentes acerca de Jesús mientras Satanás los tiene cegados. Antes debemos liberarlos.

> ***No podemos enseñarles a los no creyentes acerca de Jesús mientras Satanás los tiene cegados. Antes debemos liberarlos.***

Segundo, cuando algo bueno, inesperado, inmerecido, que desean hace mucho, les sucede a los perdidos, tienen interés por saber quién fue el benefactor. Cierta vez, alguien pagó nuestros gastos en una cafetería. Cuando pedimos la cuenta, el mozo nos dijo que ya había sido saldada. Lógicamente, Ruth y yo le preguntamos quién había sido el benefactor. Cuando alguien hace algo lindo por nosotros, queremos saber quién ha sido. Esto se da aun más cuando las personas perdidas experimentan el poder de Dios como respuesta a la oración.

Tercero, y más importante, los pecadores deberían experimentar el poder de Dios *porque la Biblia nos muestra que esto es lo que debería ocurrir*. Las Escrituras están repletas de ejemplos en los que Dios se reveló a sí mismo a través de su poder. Las vidas de Abraham, Moisés, Daniel y José están salpicadas con ejemplo tras ejemplo del poder de Dios, lo que abría las puertas a su sabiduría. Como resultado, naciones enteras se volvieron a Dios y multitudes de cautivos buscaron al Señor y su verdad.

Hablar es fácil: Que los hechos confirmen nuestras palabras

Elías se enfrentó a los profetas de Baal en el Monte Carmelo en un tiempo en que la nación entera estaba bajo el poder de mal. A Israel lo gobernaba un rey malvado, situación notablemente exacerbada por las maquinaciones de la peligrosa esposa del rey, Jezabel. Las condiciones no podían haber sido peores. ¿Cómo lo manejó Elías? Al comienzo no demasiado bien:

> Y acercándose Elías a todo el pueblo, dijo; ¿Hasta cuándo claudicaréis entre dos pensamientos? Si Jehová es Dios, seguidle; y si Baal, id en pos de él. Y el pueblo no respondió palabra (1 Reyes 18:21).

Elías planteó la verdad de un modo abstracto. En consecuencia, la reacción de la gente no podría haber sido más pasiva.

Sin embargo, cuando Elías pasó al nivel de un encuentro de poder, obtuvo la respuesta que estaba buscando. Al proponer: "Yo voy a construir un altar a mi Dios, y ustedes construyan uno para su dios, y el dios que responda por medio del fuego, ése sea Dios". La gente respondió: "¡Esa es una buena idea!" (véase 1 Reyes 18:24). Mientras Elías solo predicaba, no sucedió nada. Hablar es fácil. Pero en el momento en que propuso un encuentro de poder, logró conectarse con la gente. Ese mismo día Dios mostró su poder públicamente en respuesta a la oración, y la nación se volvió a Dios.

El poder debe preceder a la sabiduría. No quiero decir con esto que no debamos predicar la sabiduría que se halla en la palabra de Dios o que no debamos enseñar el consejo de Dios. Esto es muy bueno. No obstante, cuando de liberar cautivos se trata, se requiere un encuentro de poder. Este encuentro se debe generar a través de la audaz proclamación de la palabra de Dios y no por una colección de frases insulsas. Debe ser lo suficientemente atrevido como para permitir, *para requerir*, podríamos decir, que Dios intervenga para confirmar la palabra con las señales que seguirán a los que creen (véase Marcos 16:20).

Bautismos en el mismo día

En el libro de Hechos, los recién convertidos eran bautizados enseguida de haber creído en Jesús; se entiende que lo mismo debería ocurrir hoy en día. Pero no lo hacemos. En lugar de esto, consideramos poco sabio bautizar a una persona inmediatamente después de su conversión. Pensamos que primero debemos impartirle una enseñanza extensiva e intensiva. De hecho, este es un prerrequisito en la mayoría de las iglesias hoy en día.

¿Por qué no bautizamos a las personas inmediatamente después de su conversión? Porque no están preparadas, decimos. Primero tenemos que enseñarles (sabiduría) para que puedan experimentar la plenitud de Cristo (poder). El problema con este enfoque, aparentemente tan correcto y justo, es que muy a menudo no funciona. De hecho, podría producir un resultado contrario al deseado. Permítanme explicarme.

Hazlo ahora mismo o te arruinará después

Les decimos a los pecadores que lo único que tienen que hacer para ser salvos es recibir a Jesús en sus corazones. Si están de acuerdo, los guiamos en una breve oración de arrepentimiento, después de lo que les aseguramos que ya son cristianos.

¿Los bautizamos inmediatamente? ¡Casi nunca! ¿Por qué no? Porque les falta enseñanza (sabiduría), de manera que los hacemos concurrir a largas clases de bautismo para nuevos miembros. Cuando se gradúan, finalmente los bautizamos presuponiendo que ahora cuentan con suficiente sabiduría como para poder experimentar el poder de Dios. El problema es que una vez que emergen de las aguas bautismales, oran muy poco, no diezman, no testifican, siguen mirando películas pornográficas y, lo peor de todo, avanzan en los rangos eclesiales hasta que se convierten en ancianos de la iglesia, ¡y nos vuelven locos!

¿Por qué este enfoque resulta tan poco eficaz? Porque aunque estos nuevos creyentes ahora comprenden doctrinas humanas y poseen una apariencia de piedad, niegan la efectividad del evangelio porque no han experimentado poder divino (véase Timoteo 3:5). La enseñanza de Pablo a los corintios fue que *la* predicación no fue con palabras persuasivas de humana sabiduría, sino con demostración del Espíritu y de poder, para que *su* fe no esté fundada en la sabiduría de los hombres, sino en el poder de Dios (Véase 1 Corintios 2:4, 5). La fe de muchos convertidos se basa en la sabiduría de los hombres en vez de fundamentarse en el poder de Dios, porque llegaron al Reino a través de un argumento intelectual en lugar de a partir de un encuentro de poder.

Aun cuando los elementos correctos (sabiduría y poder) están presentes en nuestra fórmula, al alterar la secuencia creada por Dios, acabamos obteniendo resultados equivocados. Ya sea que preparemos una torta o aprovechemos la energía de una reacción nuclear, no basta solo con mezclar los ingredientes; también debemos utilizarlos en el orden correcto. Si deseamos disfrutar de una agradable cabalgata precisaremos de tres elementos: un caballo, un jinete (nosotros) ¡y saber cuál de los dos va arriba! De lo contrario, tendremos una experiencia muy frustrante tratando de cargar al caballo sobre nuestras espaldas.

Misericordia y gracia

Quizás el área en la que la violación de las verdades binarias ha provocado mayores daños a la causa del evangelio sea aquella que afecta la interacción entre misericordia y gracia.

Dios nos ha provisto de misericordia y de gracia como herramientas recíprocamente complementarias para alcanzar a los perdidos. La misericordia es un acto de benevolencia por el que las personas no reciben lo merecido. La gracia es la impartición divina por la que reciben lo que no merecen. La misericordia y la gracia están diseñadas para que las utilicemos una detrás de la otra, en tándem. Las Escrituras muestran a Dios *tanto* misericordioso *como* lleno de gracia. Lo mismo sucede con Jesús.

Desafortunadamente, la iglesia ha exaltado la gracia a expensas de la misericordia; somos abundantes en la proclamación de la gracia pero extremadamente pobres en la demostración de misericordia.

Para que la gracia ayude a los pecadores, requiere que se la acepte y que haya arrepentimiento del pecado. De modo que en nuestro mensaje enfatizamos la pecaminosidad de los seres humanos en un intento de ayudarlos a comprender las consecuencias devastadoras que el pecado tiene en la eternidad. Pero este enfoque (presentar la gracia en un contexto carente de misericordia) genera rechazo y, la mayor parte de las veces, los pecadores se alejan enojados y sintiéndose abandonados.

A aquellos que no reciben al Señor se les dice: "¡Todo ha sido perdonado… hace dos mil años!" Primero, les hacemos sentir la fealdad de su pecado, y cuando se arrepienten, les decimos: "No te preocupes, está todo perdonado". Parece un chiste malo. ¿Por qué no comenzamos con la clara declaración de que todos sus pecados fueron perdonados cuando Cristo murió en la cruz? Muchos predicadores entenderían esto como una desvalorización del evangelio. La gracia, lejos de ser poco valiosa, lleva a que los pecadores deban pagar el precio más alto: total rendición a Jesús. Recuerda, evangelio significa *buenas* noticias, ¿y que mejor noticia que anunciarle a un mundo perdido que todos sus pecados han sido perdonados?

La dimensión vertical no puede mantenerse sin la horizontal

Un abogado le preguntó a Jesús qué es lo que debía hacer para heredar la vida eterna. Jesús le preguntó qué es lo que él entendía que las Escrituras decían al respecto:

"Él le dijo: ¿Qué está escrito en la ley? ¿Cómo lees? Aquél, respondiendo, dijo: Amarás al Señor tu Dios con todo tu corazón, y con toda tu alma, y con todas tus fuerzas, y con toda tu mente; y a tu prójimo como a ti mismo". Respondiendo Jesús, dijo: "Bien has respondido; haz esto y vivirás" (Lucas 10:26-28).

Observemos que Jesús fue inmediatamente de la dimensión vertical de la fe (el amor de este hombre por Dios) hacia la dimensión horizontal (su amor al prójimo).

Cuando Jesús lo desafió a hacer algo radical para demostrar su amor por el prójimo, el abogado se puso a la defensiva: "¿Y quién es mi prójimo?" (v. 29). En respuesta, Jesús relató la parábola del buen samaritano. Al final de la historia, le preguntó: "¿Quién, pues, de estos tres te parece que fue el prójimo del que cayó en manos de los ladrones?" (v. 36). El abogado contestó correctamente: "El que usó de misericordia con él" (v. 37).

En la historia, el hombre que cayó en manos de ladrones y el que lo rescató eran adversarios sociales, pues uno era judío y el otro, samaritano. La lección es clara aquí: No des a tu adversario su merecido, sino más bien, aquello que *no* merece. En la parábola esto representaba darle cuidados, medicina, alimento y refugio aun cuando él no lo mereciera ni lo esperara, ya que los judíos y los samaritanos no debían tener trato el uno con el otro.

Al lograr que nos concentremos casi exclusivamente en el mensaje de la gracia a expensas de la misericordia, el diablo nos ha llevado a la predicación de un evangelio que no es ninguna buena noticia y, por lo tanto, muy pocas personas desean escucharlo. La gracia es más eficaz cuando la precede una demostración tangible de misericordia.

Cuando tenemos la actitud de: *Yo elijo no darte tu merecido sino, más bien, ministrar a tus necesidades más profundas*, se crea una atmósfera de total e incondicional aceptación.

Por otra parte, cuando predicamos la gracia carente de expresiones de misericordia, nuestro mensaje fracasa, porque la gracia tan solo puede activarse a través de una confesión voluntaria de pecados por parte del ofensor. ¿Quién querría confesar sus pecados si no hay una franca promesa de perdón? Sucede lo mismo que con una banda de criminales que se encuentran atrapados en un edificio rodeado por la policía, en ese escenario la policía anuncia por el altoparlante: "No tomaremos prisioneros. Cualquiera que salga morirá en el acto. Ahora, por favor, salgan con las manos en alto". ¿Cuál de los criminales se animaría a acatar la orden? ¡Solo alguno que estuviera totalmente loco!

Así es como se sienten los pecadores cuando no existe una expresión tangible de misericordia que dé marco a nuestra proclamación de la gracia. La dimensión vertical de la gracia no puede sustentarse sin la dimensión horizontal de la misericordia.

La misericordia es precursora de la gracia

En las ferias de oración mencionadas anteriormente, rogamos por muchas personas que sabíamos o intuíamos que estaban viviendo en pecado. Sin embargo, elegimos tener misericordia al no darles su merecido (juicio, castigo, rechazo) sino ministrándoles. Caso tras caso, los pecadores que eran tocados por Dios en respuesta a nuestras oraciones inmediatamente confesaban sus pecados. Decían cosas como: "No lo entiendo. ¿Por qué Dios me bendeciría a mí cuando yo lo he estado insultando?" o "Nos asombra que Dios vaya a responder a sus oraciones por nosotros cuando mi novia y yo estamos viviendo en pecado. ¿Por qué Dios haría esto?" Este tipo de preguntas surgen a partir de un acto de *misericordia* de nuestra parte, que siempre abre la puerta a la proclamación de la *gracia* de Dios.

Debemos derribar las fortalezas satánicas en nuestra mente

Es importante que comprendamos que el diablo está utilizando la palabra de Dios para engañarnos, sobre todo al invertir la secuencia o alterar la proporción de los componentes presentados en estas verdades bíblicas binarias. Es por esto que los nuevos paradigmas que presentaremos en los próximos capítulos han demorado tanto en establecerse dentro de la iglesia.

Debemos tomar a pecho la enseñanza de Pablo acerca de las fortalezas espirituales que aparece en 2 Corintios 10:3-5. Allí él deja muy en claro que debemos derribar las altivas divisiones de nuestra mente que nos llevan a especular, por una parte, y suscribir a la palabra de Dios, por la otra. Además, nos exhorta a llevar cada pensamiento (no solo los malos, sino *todos*) cautivo a la obediencia a Cristo. Este tema es tan vital que le dediqué un capítulo entero en *That None Should Perish* [Que ninguno perezca].

Cuando estudiamos más profundamente la mención que hace Pablo acerca de que las iglesias de Galacia se encuentran espiritualmente hechizadas (véase Gálatas 3:1, NVI), es interesante observar que esta afirmación aparece inmediatamente después de uno de los versículos más conocidos del Nuevo Testamento:

> Con Cristo estoy juntamente crucificado, y ya no vivo yo, mas vive Cristo en mí; y lo que ahora vivo en la carne, lo vivo en la fe del Hijo de Dios, el cual me amó y se entregó a sí mismo por mí (Gálatas 2:20).

En este contexto, los versículos subsiguientes indican que cuando operamos en nuestra propia carne, fuera de Cristo, es decir en lo natural en lugar de en lo sobrenatural, somos vulnerables a las maquinaciones del maligno. En ningún momento este enfoque resulta más letal que cuando tontamente caratulamos nuestras especulaciones naturales de sabiduría divina, y pasamos por alto la necesidad de experimentar el poder de Dios como precondición para comprender su sabiduría sobrenatural.

Cuando Jesús dijo: "Y conoceréis la verdad, y la verdad os hará libres" (Juan 8:32), no estaba hablando de reconocer una serie de conocimientos en nuestras mentes. Conocer la verdad significa *experimentar* la verdad a través de un encuentro de poder en lugar de la intrascendente aprobación intelectual que le hemos otorgado en la iglesia occidental. Cuando la verdad de Dios invade el *alma*, destruye las fortalezas del diablo, rompe la cadena de los hábitos pecaminosos y abre los ojos a las buenas nuevas del evangelio. Un encuentro de poder de esta magnitud nos deja con una insaciable sed de su sabiduría.

Cuidado con el último tiro de Satanás

Estamos envueltos en una lucha espiritual hasta el final contra Satanás y sus huestes de maldad por las almas de hombres y mujeres. Pero para salir victoriosos de este combate, debemos colocarnos *toda* la armadura de Dios (véase Efesios 6:11). Y, como vimos en el capítulo anterior, también tenemos que ponérnosla en el correcto orden secuencial. Primero viene el cinturón de la verdad. Segundo, nos vestimos con la coraza de justicia. Luego nos calzamos las sandalias del evangelio de la paz para caminar en paz y destruir las jurisdicciones de Satanás. El cuarto componente, el escudo de la fe, está diseñado para extinguir las flechas encendidas del maligno, que a esta altura se ha visto forzado a pelear a la distancia.

En este punto la batalla parecería estar ganada, dado que hemos sido iluminados por la verdad de Dios, revestidos de su justicia, hemos aplastado a Satanás debajo de nuestros pies y lo hemos reducido a lanzar flechas encendidas desde una distancia importante. En la práctica, el diablo ha perdido, a menos que él sea capaz de llevar la pelea a un nuevo nivel.

El nuevo campo de batalla es aquel en el que peleamos por la salvación de los que aún están en tinieblas. Este es el umbral en el que Satanás lleva a cabo su última resistencia, y hará todo lo que esté en su poder para hechizar a la iglesia y evitar que saqueemos su campamento. Por favor, prestemos mucha atención porque esta es la última frontera espiritual en la lucha por nuestras ciudades. Este es el último tiro de Satanás.

Apunta la espada en la dirección correcta

La siguiente pieza de la armadura es el *yelmo de la salvación*. Tradicionalmente, hemos interpretado esto en referencia a nuestra propia salvación. Este no es el caso. Antes fuimos salvos, cuando nos pusimos la coraza de justicia. El yelmo de salvación debe entonces significar la salvación de otros, concretamente de aquellos que aún están en tinieblas. La ubicación alta del yelmo (sobre la cabeza del creyente) es para que lo vean los perdidos y sepan que está disponible para ellos. El yelmo le asegura a nuestro prójimo que no tiene nada que temer, porque Satanás ha sido aplastado bajo nuestros pies que están calzados con las sandalias de la paz.

Finalmente, tomamos *la espada del Espíritu*, la palabra de Dios. Ahora la función estratégica del yelmo de la salvación se hace más evidente. Si estas dos piezas de la armadura se mal interpretan o se utilizan mal, nos estaremos entregando directamente en las manos del diablo, permitiéndole avasallar nuestra posición y destruir nuestras líneas. Leamos esto con atención.

Debemos colocarnos el yelmo de salvación *antes* de tomar la espada del Espíritu porque el yelmo provee dirección y enfoque en el uso de la espada (la Palabra). El yelmo de salvación colocado hacia *adelante* sobre nuestra cabeza, como se calzan todos los yelmos, nos provee la dirección hacia la que debemos apuntar nuestra espada para utilizarla en beneficio de los perdidos. Una vez que hemos atendido las necesidades de nuestros vecinos, somos capaces de ocuparnos de su necesidad de salvación, dándoles las buenas noticias como nos muestra la palabra de Dios. Recién entonces apuntaremos la espada en dirección a nuestros vecinos para presentarles a Jesús pleno de gracia, su crucifixión todopoderosa y su mensaje revestido de misericordia tangible.

Sin embargo, cuando dejamos de llevar la Palabra a la ciudad en dirección de los perdidos, terminamos apuntando la espada en una sola dirección: La iglesia. Esto es exactamente lo que Satanás espera que hagamos, que utilicemos la Palabra para la edificación de los santos a expensas de la evangelización de los perdidos.

No estoy diciendo que la palabra de Dios no deba utilizarse para la instrucción, la exhortación y la edificación de los santos. Ese es un legítimo y muy necesario uso de la Palabra. No obstante no tenemos que mantener la espada del Espíritu envainada, como si su solo propósito fuera decorativo. La Palabra es un arma poderosa que, al empuñarla y blandirla, primero nos lleva a la salvación, luego a la edificación personal y finalmente, otra vez a la salvación: La salvación de aquellos a los que les hemos de llevar la Palabra.

Vemos esta dinámica en acción en el libro de Efesios. Desde el primer capítulo hasta el comienzo del capítulo 6, Pablo utiliza la palabra de Dios para demostrar cómo fortalecerse en el Señor, indicándonos que el primer paso es aceptar la salvación ofrecida en Cristo. Una vez que nos hemos fortalecido en el Señor, Pablo nos exhorta a fortalecernos "en el poder de su fuerza" (Efesios 6:10) para que tengamos victoria en nuestra lucha contra el diablo y sus subalternos (véase v. 12). ¿Por qué debemos combatir con las huestes de Satanás en lucha espiritual si ya hemos sido salvos, hemos sido santificados y estamos protegidos por su Espíritu? No es por mero beneficio personal que debemos tomar la armadura de Dios y batallar. Lo hacemos para saquear el campo del enemigo y liberar a los cautivos.

A través de los primeros cinco capítulos de Efesios, vemos que la palabra de Dios se utiliza para edificar al cuerpo de Cristo. Este es el uso *defensivo*. En Efesios 6:10-17, se nos ordena batallar contra el enemigo, (uso *ofensivo* de la Palabra). Aquí el enfoque cambia hacia la salvación de los perdidos, y la espada del Espíritu se debe apuntar en esa dirección. Si vamos a la ofensiva pero apuntamos la espada en una dirección incorrecta, podemos herir con facilidad nuestro propio cuerpo. Esto ocurre demasiado a menudo, especialmente cuando pseudo expertos de la Biblia utilizan la palabra de Dios deliberada y fervientemente para herir a aquellos santos con los que no están de acuerdo. Se malgastan horas y horas de tiempo radial y millones de dólares en este proceder inútil, interesado e hiriente, mientras millones de personas perecen sin Cristo.

Aunque la mayor parte de nuestra enseñanza bíblica se hace con gracia, el 99% del tiempo utilizamos la espada de Espíritu para proteger a los que son salvos, y la aprovechamos muy poco o nada, para alcanzar a los perdidos. Es por este motivo que la iglesia todavía no ha cumplido la Gran Comisión. Hemos asegurado nuestra posición en Cristo; pero en vez de cargar contra las fortalezas del enemigo con valor, como se nos manda en Efesios 6:19, 20, apuntamos en la dirección equivocada. Tontamente embellecemos nuestras trincheras y volvemos a pintar el área en la que se pasa revista para que los santos disfruten de un desfile más, cuando hay millones de cautivos que esperan ser liberados al otro lado del próximo monte.

Tontamente embellecemos nuestras trincheras y volvemos a pintar el área en la que se pasa revista para que los santos disfruten de un desfile más, cuando hay millones de cautivos que esperan ser liberados al otro lado del próximo monte.

Enfrentémoslo, el diablo nos ha engañado, especialmente en lo que concierne a nuestra comprensión de las verdades bíblicas binarias como las que hemos desarrollado aquí. Nuestro desproporcionado énfasis en la sabiduría ha reemplazado a la dimensión de poder de nuestra fe, y si hay algo que necesitamos para invadir la posición del enemigo, es poder. Y si tenemos algo de poder, lo utilizamos para nuestro propio beneficio en lugar de emplearlo en beneficio de los perdidos. De esta manera hemos sucumbido a la tentación que Jesús tan acertadamente venció cuando se negó a utilizar poder *divino* para su comodidad *personal*. Es tiempo de que permitamos que el yelmo de salvación nos indique la dirección correcta.

Oremos pidiendo que el Señor nos cambie, para que podamos cambiar el mundo

Estamos por comenzar a hablar de los cambios de paradigmas que están sucediendo ahora o que tendrán lugar en la iglesia en todo el mundo. Esta es una sección crucial porque aquí radica la esperanza para nuestras ciudades. Debemos comprender que estos nuevos paradigmas han demorado tanto en emerger porque la iglesia ha sido engañada por el enemigo, no por haber estado en terrible pecado sino por que ha permitido que su mente fuera infiltrada y neutralizada con tanto de lo *bueno* que se ha apagado su sed por la *excelencia*, la excelencia de Dios. Necesitamos vaciarnos delante de Dios y ser llenos nuevamente por Él antes de seguir adelante. ¿Podemos unirnos para elevar esta oración?

Oh Dios, ilumina mi mente para que tú puedas alcanzar cada aspecto de ella, yo llevo ahora todos mis pensamientos cautivos a la obediencia a Cristo, especialmente aquellos que me resultan atractivos porque representan reflexiones teológicas profundamente arraigadas. Algunos son buenos; otros pueden ser malos. Pero ninguno es excelente ya que la excelencia viene solo de ti. Por favor, líbrame de las fortalezas intelectuales construidas con ladrillos cocidos en el horno de las tradiciones humanas y cementadas con el orgullo de la carne.

Oh Dios, rindo todo a ti. Ayúdame a ver las Escrituras como tú las ves. Ayúdame a aplicarlas como lo hizo Jesús. Ayúdame a comprenderlas por el Espíritu Santo. Ayúdame a utilizar las Escrituras como tú deseas que lo haga. Sobre todo, ayúdame a saber en todo momento que viniste a salvar a los perdidos, a soltar a los cautivos, a libertar a los oprimidos por el diablo, ¡y que esta tarea aún no ha terminado! Ayúdame a ver que el evangelio sin su misión redentora resulta estéril y que enseñar la Biblia sin pasión por los perdidos es un interesado desfile en terreno seguro.

Ayúdame, oh Dios, a comprender la verdadera magnitud de lo que la sangre de Jesús ha obtenido, no solamente para la iglesia, sino especialmente para aquellos que todavía se encuentran en prisiones espirituales. Ayúdame a entender que das mayor valor a la obediencia que a lo escolástico y que debo dedicar mi vida para aplicar la sangre a la vida de los perdidos en lugar de solo enseñar al respecto a los que ya son salvos.

Ayúdame, oh Dios, a dar mi testimonio con audacia, para que al abrir mi boca hable yo como deba hablar, que no tema a nadie sino a ti y que con valentía proclame las buenas nuevas a los perdidos por encima de las mentiras y amenazas del diablo. Ayúdame a comprender que te complaces más con un soldado que marcha hacia adelante, aunque no tenga más que un mondadientes en las manos, que con un general con diez divisiones a su disposición y que está pensando en jubilarse.

Ayúdame, oh Dios, a depreciar mi propia vida aun hasta la muerte. Dame el coraje de morir por ti, si a eso me llamaras, pero dame también el coraje de morir cada día a mis presuposiciones teológicas, a mis castillos de especulación y a mi ciudadela de introspección humanística. Ayúdame a entender que sin ti, no soy nada. Ayúdame a despreciar mi vida al punto de no solo estar listo, sino deseoso de morir por los perdidos, y de esa manera calificar como buen pastor a causa de mi voluntad de dar mi vida a favor de aquellos que están a mi cuidado.

Oh Dios, reprograma mi mente. Derriba las fortalezas que han permitido que el maligno me controle a mí y a millones de tus hijos. Ayúdame a entender que debo avanzar y seguir avanzando en el territorio del enemigo. Ayúdame a tener en alto el yelmo de la salvación para que, mientras Satanás y sus demonios retroceden, los cautivos entiendan que nosotros no somos sus enemigos, como les ha dicho el maligno, sino que somos los que anuncian las buenas noticias sobre los montes. Y, como tales, bendice nuestros pies. Ayúdanos a adentrarnos en el territorio de Satanás para que nuestros pies aplasten su cabeza. ¡Sí, Señor, sabemos que tú, el Dios de paz, pronto aplastarás a Satanás debajo de nuestros pies!

Oh Dios, ayúdame a comprender los componentes de la victoria como se describe en Apocalipsis 12:11. Abre mis ojos para ver que el beneficiario de la sangre del Cordero es el mundo, el mundo entero y no solamente aquellos que ya se hallan seguros dentro del redil; que a causa de esa preciosa sangre y de cómo nos ha cambiado, el diablo teme la palabra de

nuestro testimonio más que nada. Ayúdame a hablar esa palabra como Jesús quiere que lo haga: con valentía, sin temor y con pasión.
También, ayúdame a verme como un soldado que se adentra con audacia en el peligroso territorio enemigo, en lugar de un general autoproclamado que lidera desfiles en terreno seguro. Sí, Señor, ayúdame a despreciar mi vida aun hasta la muerte para que yo hable como deba hablar y que tu Reino venga a aquellos que más lo necesitan: ¡Los perdidos!
Ayúdame oh Dios, a no temer derramar lágrimas que rieguen las semillas que llevo en mis manos, sabiendo que esas lágrimas harán que se conviertan en gavillas.
Esto lo pido en el glorioso nombre de Jesucristo. Amén.

CAPÍTULO 5

PARADIGMAS ARRAIGADOS EN LA IGLESIA

El que tiene oído, oiga lo que el Espíritu dice a las iglesias: Sean mis testigos en su Jerusalén primero.

He identificado diecisiete cambios de paradigmas que afectan a la iglesia y su relación con los perdidos en nuestras ciudades. Se distribuyen en cuatro categorías: paradigmas arraigados, recientes, emergentes y futuros. Los he organizado en cuatro grupos y les he asignado un capítulo cada uno.

Como hemos mencionado, un paradigma es una grilla conceptual a través de la que se percibe la realidad. Luego de estudiar mi lista, algunos podrán argumentar que se ha modificado un único paradigma y que mi lista no se compone de cambios de paradigmas en sí, sino que presenta los efectos colaterales del cambio de un único paradigma principal. Si así lo prefiere el lector, me gustaría identificar a ese nuevo paradigma como la necesidad de cumplir con la Gran Comisión en nuestra generación.

Este capítulo en particular se ocupa de cuatro paradigmas arraigados que son recientes, pero anteriores a los que se tratarán en los próximos capítulos. También son fundamentales para el surgimiento de los otros.

Paradigma 1: Una sola iglesia en la ciudad

El concepto de que hay muchas congregaciones en la ciudad pero una sola iglesia está cobrando rápida aceptación. Eso no era así antes del año 1990, días en los que elocuentes predicadores lograban gran seguimiento nacional al utilizar sus conocimientos de las Escrituras para señalar aquello que estaba equivocado en los otros grupos, por qué debía evitarse caer en esos errores y por qué a muchos no se los consideraba cristianos; asuntos que hoy en día se ven como diferencias menores en la mayor parte de la iglesia.

Sin ir más lejos, hace doce años, hasta la más mínima diferencia doctrinal se veía como un crecimiento maligno que debía extirparse de inmediato, sin que importara el costo. Aunque el costo fuera la falta de unidad de la iglesia. Hoy en día, solo unos pocos autoproclamados vigilantes espirituales siguen destacándose por señalar y exponer a los supuestos herejes, como si operaran una KGB [Comité para la Seguridad del Estado por sus siglas en ruso] doctrinal. Rápidamente se alejan los días de aquellas disputas furiosas y divisiones enmarcadas en la púrpura vestidura de la doctrina pura.

Las convocatorias a la uniformidad están cediendo el paso a los llamados a la unidad, mientras el concepto de una iglesia conformada por muchas congregaciones diferentes logra aceptación generalizada.

Tribus que bendicen a tribus

Durante aquel programa de evangelismo de oración de una semana que se realizó en mi ciudad natal, San Nicolás, los pastores locales se reunieron para un encuentro que resultaba crucial para el resultado exitoso de nuestros esfuerzos allí. Se les pidió a tres pastores que representaban las tres congregaciones más antiguas en la ciudad (las que originalmente habían traído el evangelio a San Nicolás) que pasaran adelante y se colocaran mirando hacia los demás. Al resto les dijimos: "Si alguno de ustedes no es parte de los grupos representados por estos hombres, significa que se han separado de una de estas congregaciones o que llegaron a la ciudad despreciándolas. Esto no está bien. Corrijamos esto ahora mismo".

De manera conmovedora y espontánea, los otros pastores pasaron adelante, se tomaron de las manos y formaron un círculo. Juntos elevaron una oración conjunta confesando que existía una sola iglesia en la ciudad de San Nicolás y que toda altivez que se levantara contra el conocimiento de Dios debía ser derribada. Luego, uno por uno, los pastores comenzaron a bendecirse el uno al otro y a sus ministerios.

Esto era especialmente conmovedor y poderoso para aquellas congregaciones entre las que había existido ira y enojo.

Durante la siguiente hora, escuchamos cosas como: "La tribu de las Asambleas de Dios bendice a la tribu de la Comunidad Cristiana" y "La tribu Bautista bendice a la tribu de la Unión Evangélica". Se utilizó la palabra "tribu" porque era compatible con la noción de que la iglesia, como el pueblo de Israel, se compone de muchas tribus que juntas constituyen una nación. Esa noche, cuando nuestro mensaje sobre la santidad se transmitió por la radio, la iglesia de la ciudad, a través de sus pastores, ya había lavado sus manos.

Jesús en San Francisco

Una nueva atmósfera está comenzando a tomar forma en el área de la bahía de San Francisco. En marzo de 1996, John Isaacs, Michael Griffiths y yo visitamos siete ciudades de la bahía para hacer una evaluación de la atmósfera espiritual. Para nuestra sorpresa, fuimos recibidos por un grupo de pastores unificados en cada una de las siete ciudades. Estos pastores oraban juntos regularmente y esperaban con mucho fervor ver sus ciudades alcanzadas para Cristo. Esto es más extraordinario cuando se tiene en cuenta la historia de frialdad espiritual de San Francisco y las comunidades del área de la bahía.

Presintiendo tierra fértil, alentamos a estos grupos a que se unieran para preparar una celebración de unidad de toda el área de la bahía durante el próximo Día nacional de oración. Representantes de estos grupos se reunieron muy pronto. Una estación de radio cristiana ofreció pasar anuncios publicitarios sin costo, y muy pronto se desarrolló una estrategia maravillosa.

En el día señalado, la Iglesia del área de la bahía, como ha elegido llamarse hoy en día, se reunió en nueve localidades de esta zona a las siete de la tarde, convocando a miles de creyentes. Después de la alabanza y adoración, se comisionó a los pastores de cada una de las localidades que salieran hacia la próxima ciudad. Se subieron entonces a los ómnibus, y cada grupo hizo el "viaje de oración" hasta la reunión de la siguiente ciudad. Mientras viajaban, estos pastores declararon paz sobre los automóviles en la autopista y sobre los edificios a lo largo del camino. Al llegar al próximo lugar de reunión, cada grupo fue cálidamente recibido e invitado a unirse a la intercesión que se estaba llevando a cabo allí. A las 8.45 pm, las nueve localidades, conectadas por radio, tomaron la Santa Cena y culminaron con una oración unida bendiciendo al área de la bahía.

Más temprano durante ese día, dieciséis aviones cargados con intercesores habían hecho un "vuelo de oración" sobre toda el área de la bahía, mientras abajo jóvenes cristianos viajaban en los transportes públicos o recorrían la bahía en moto, ¡logrando de ese modo un círculo de oración de 386 kilómetros de circunferencia!

Hoy en día, en los nueve condados situados sobre la bahía de San Francisco, la iglesia ha establecido "Pray the Bay" [Ore por la bahía], una asociación de pastores dedicados a alcanzar el área de la bahía para Cristo. Esta asociación realiza una cumbre de oración anual para pastores y en 1997 organizó la cruzada de Billy Graham para San Francisco/Oakland/San José; la organización de Billy Graham calificó a esta asociación de pastores como una de las mejores, especialmente en lo que se refiere a la oración.

¿Cuáles eran las probabilidades de que algo tan fantástico surgiera en el área de la bahía de San Francisco, un lugar que desde larga data contaba con la reputación de ser la puerta del infierno? En términos humanos, ninguna. ¿Entonces cómo pudo suceder de una manera tan rápida, inesperada y extraordinaria? Porque las semillas para el paradigma de una sola iglesia en la ciudad ya estaban germinando bajo tierra. Los actos proféticos descriptos aquí simplemente las hicieron brotar y salir.

Día de la independencia

Pablo les escribió a los corintios que ellos no discernían el cuerpo del Señor. "Por lo cual hay muchos enfermos y debilitados entre vosotros, y muchos duermen" (1 Corintios 11:29, 30). Cuando dejamos de discernir la verdadera naturaleza del cuerpo de Cristo (muchas congregaciones, una sola iglesia) estamos expuestos a la debilidad que produce enfermedades que llevan a la muerte. La debilidad, la enfermedad y la muerte prematura son las marcas de las personas tipo A, que se consideran a sí mismas independientes y autosuficientes.

Dios no entregó todos sus dones a una persona o una congregación en la ciudad sino que los distribuyó en toda la iglesia. Para que de esta manera sus miembros se vieran obligados a interactuar en interdependencia para resultar eficientes.

Dejamos de recibir. Dios ha distribuido sus dones entre los miembros de la iglesia que se reúnen en diferentes congregaciones y muchos de ellos están cultural y teológicamente distantes el uno del otro. Esta distancia es de fabricación humana, no proviene de Dios. El plan de Dios es que el cuerpo crezca todo junto:

> Siguiendo la verdad en amor, crezcamos en todo en aquel que es la cabeza, esto es, Cristo, de quien *todo el cuerpo*, bien concertado y *unido entre sí* por todas las coyunturas que se ayudan mutuamente, según la actividad propia de cada miembro, recibe su crecimiento para ir edificándose en amor (Efesios 4:15, 16; énfasis del autor).

Cada articulación, cada miembro del cuerpo provee algo que los demás necesitan. Cuando una congregación deja de discernir su parte en esta operación, trata de producir internamente lo que Dios ya ha provisto externamente a través de otra congregación. Apoyada en sus recursos naturales (su propia fuerza), la congregación engañada intenta generar un don o ministerio con el que Dios no la equipó en lo sobrenatural. Este obrar en la carne produce un excesivo desgaste, que finalmente conduce debilidad y enfermedad en el cuerpo. Dios quiere que recibamos a través de otras congregaciones los dones de los que nuestras congregaciones carecen.

Algunas congregaciones tienen un don evangelístico, mientras que otras poseen el don de la enseñanza o de la misericordia. En Resistencia, Argentina, fue muy reconfortante cuando los conservadores les pidieron a los pentecostales que les enseñasen sobre el Espíritu Santo, y los pentecostales les correspondieron al pedirles enseñanza sobre las misiones y la conserjería. Al poco tiempo comenzaron a parecerse entre ellos y a hablar de manera similar. Esto resultó tan radicalmente nuevo que un visitante extranjero se quejó de no poder distinguir entre los pentecostales y los conservadores. "¡Se ven todos tan parecidos!", dijo. ¿Y por qué no habría de ser así? ¡Son hijos del mismo Padre, después de todo!

Dejamos de dar. El mundo conocerá que somos seguidores de Jesús por nuestro amor, y ese amor comienza por casa, entre nosotros. Algunas congregaciones poseen muchos recursos, otras prácticamente nada. Pasado determinado límite, Dios no permitirá que las riquezas de algunas congregaciones existan a expensas de otras, especialmente cuando hay cierto grado de desdén de parte de las congregaciones más grandes y fuertes. Dios no permite que los miembros de su cuerpo crezcan desproporcionadamente. De manera que cada vez que una congregación próspera deja de ayudar a otra congregación que tiene menos, la congregación próspera fija límites a su propio crecimiento como también al del cuerpo.

Un pastor en la Argentina comprendió este principio y donó todos sus bancos de iglesia a una congregación en dificultades. Me dijo que también tenía planeado donar el edificio. Cuando le pregunté por qué iba a hacer eso, el pastor me respondió: "Porque yo tengo el don de la fe, y el otro pastor no lo tiene. Yo puedo conseguir un edificio más rápidamente que él".

Un pastor en el Reino Unido ofrendó doscientas de sus sillas especialmente diseñadas a una congregación étnica. Esas sillas eran su orgullo y su alegría, pero sentía que debía donarlas al grupo más pobre. Una congregación anglicana en Ohio dio su flota de furgonetas van a una congregación afroamericana por esta misma razón. Un grupo de pastores en el norte de California tomó la responsabilidad de cubrir el salario de un pastor cuya denominación lo estaba por dejar cesante por falta de fondos.

Dios verdaderamente ama al dador alegre (véase 2 Corintios 9:7). Lo mismo puede decirse de las congregaciones. Una congregación dadivosa tendrá abundancia para toda buena obra, y será bendecida con más, no con menos (véase v. 8).

¡Construye bien el puente!

Identifiquemos a las dos personas o los dos grupos que se encuentren ideológicamente más distantes dentro de la iglesia de nuestra ciudad. La división entre estas dos partes representa la brecha de falta de unidad allí. Quizás la hostilidad y agresividad del uno hacia el otro hayan frustrado los esfuerzos por lograr la unidad a nivel ciudad. Si este es el caso, es probable que hayamos escuchado afirmaciones como: "Hasta que estos tipos no se reúnan y arreglen sus diferencias no tendremos unidad en esta ciudad". Pero esta afirmación es errónea porque presupone que para que se cierre la brecha, los puntos más distantes tendrán que unirse primero. Así no se construye el puente sobre una grieta. Los puntos más distantes se conectan como último paso, no como el primero.

Desde el punto de vista de las Escrituras, la sanidad no comienza con los que son parte de las divisiones sino con aquellos que no lo son: "Oigo que hay entre vosotros divisiones; y en parte lo creo. Porque es preciso que entre vosotros haya disensiones, *para que se hagan manifiestos entre vosotros los que son aprobados*" (1 Corintios 11:18, 19; énfasis del autor). Pablo veía las divisiones como una oportunidad para que se destacara la unidad y no al revés. Los que son aprobados son aquellos que vencen las divisiones en lugar de ser vencidos por ellas.

La clave está en concentrarse en aunar a aquellos que aceptan trabajar en unidad a fin de crear un terreno propicio para la sanidad. Si tenemos un llamado a alcanzar ciudades, contamos con el poder otorgado por Dios para construir puentes sobre las brechas y sanar heridas. Dios ya ha depositado en los corazones de muchos en la ciudad la verdad de que existe una sola iglesia: No tenemos que pelear las batallas que consumieron a otros una decena de años atrás. Somos libres de avanzar en fe. ¡Hagámoslo!

Paradigma 2:
Debemos alcanzar nuestra ciudad para Cristo ahora

> Recibiréis poder, cuando haya venido sobre vosotros el Espíritu Santo, y me seréis testigos [comenzando] en Jerusalén (Hechos 1:8).

Hasta muy poco tiempo atrás la iglesia mostraba una seria disfunción con respecto a las misiones. Las congregaciones enviaban misioneros a las naciones paganas, plenamente convencidas de que esos misioneros podían alcanzar a los nativos del lugar para Cristo y de que lo lograrían. Pero mientras tanto, ¡a estas mismas congregaciones les faltaba la fe para creer que ellos podían alcanzar su propia ciudad! Esta contradicción está comenzando a desaparecer porque se ha agudizado el entendimiento de la Gran Comisión en dos maneras.

Primero, en Hechos 1:8 vemos que la Gran Comisión comienza con una ciudad, y esa es la ciudad en la que vivimos. La iglesia primitiva alcanzó ciudades por todo el Imperio Romano. Podríamos decir que el énfasis del Nuevo Testamento no está en plantar iglesias sino en alcanzar ciudades. Cuando se alcanzaba una ciudad para Cristo, allí se plantaba la iglesia.

Segundo, reconocemos que el poder prometido por el Señor en Hechos 1:8 tiene la función primordial de alcanzar a los perdidos y no producir mejoras en nuestras propias vidas. Este poder está diseñado para fluir en una dirección centrífuga (que empuja hacia la periferia) en lugar de centrípeta (que absorbe todo hacia el centro). Las iglesias comienzan ahora a comprender que deben alcanzar su Jerusalén primero para tener un vórtice desde el que lanzarse hacia afuera hasta los confines de la tierra. En el pasado, los líderes de las iglesias creían que solo se podía alcanzar totalmente a las ciudades del extranjero, mientras que ahora han comenzado a creer que sus propias ciudades deben ser (y muy probablemente lo sean) alcanzadas para Cristo primero. Este cambio de paradigma hace que emerjan con más facilidad los programas para alcanzar ciudades; de hecho, se hacen inevitables.

Una mejor comprensión de los pasajes clave que se refieren a las misiones tales como Hechos 1:8, ha precipitado este cambio de paradigma, al forzarnos a resolver conflictos como este: Si hemos recibido al Espíritu Santo, entonces también hemos recibido el poder que necesitamos para alcanzar a nuestra ciudad y al mundo para Cristo; entonces si tenemos el poder, ¿por qué no hemos alcanzado a nuestra ciudad para Cristo? La respuesta tiene que ver con la mala aplicación que hicimos del poder divino que se nos ha confiado.

Abuso de poder

Para ilustrar este principio, permíteme relatar mi propio peregrinaje en este sentido. En mis primeras oraciones, poco tiempo después de mi conversión, pedía poder para vencer los pecados que habían controlado mi vida. ¿Recibí el poder? ¡Claro que sí! Más tarde oré pidiendo poder para ser testigo ante aquellos con los que estudiaba y trabajaba, y poco tiempo después, algunos de esos amigos vinieron al Señor. Luego oré pidiendo poder para encontrar a la persona que Dios había preparado para que fuera mi esposa sin necesidad de buscar en otras, y el Señor milagrosamente me guió hacia Ruth. Más adelante, Ruth y yo oramos solicitando poder para construir un hogar piadoso y, nuevamente, el poder fue conferido. Cada vez que oraba por poder, lo obtenía. La razón es muy simple. Cuando recibimos al Espíritu Santo, con él recibimos poder.

No obstante, el Señor no nos prometió un poder impreciso, apto para todo propósito. Él prometió específicamente niveles de poder que se incrementarían con un propósito claro: testificar. El nivel de poder que tenemos disponible depende exclusivamente *del lugar* en el que tengamos intenciones de utilizarlo. El nivel máximo es para alcanzar los confines de la tierra. El nivel mínimo de poder que nos prometió Jesús es el poder para alcanzar a nuestra ciudad: "Me seréis testigos… en Jerusalén" (Hechos 1:8). Para ti y para mí, Jerusalén significa la ciudad en la que vivimos. El poder que me libró de mis pecados, que me permitió llevar a otros a Cristo, encontrar la esposa que Él había preparado para mí; ese poder era fundamentalmente para alcanzar a mi ciudad. Tristemente, ¡*no* lo utilicé para ese propósito!

Cuando finalmente comprendí esto, tuve convencimiento de mi egocentrismo y egoísmo. Comprendí que cada vez que había pedido poder, lo había hecho para beneficiarme en algún área sobre la que no tenía control directo: mi vida, mi matrimonio, mi familia, mi ministerio, mis alumnos, mi equipo. Nunca había pedido poder, ni tampoco lo había utilizado para el propósito principal: Alcanzar la ciudad. Como los discípulos en Hechos 1:6, estaba más interesado en ver mi reino establecido que en llevar el reino de Dios a mi ciudad y aun más lejos.

Yo era culpable de abuso de poder.

Es un axioma bien demostrado que si nos ocupamos de la ciudad, Dios se ocupará de nuestro ministerio. Si nos ocupamos de nuestro barrio, Él cuidará de nuestra ciudad. Si nos ocupamos de la provincia, Él se ocupará del país. Cuanto más lejos tiremos las redes, más segura será nuestra posición ya que dispondremos del mayor nivel de poder disponible gracias a la naturaleza centrífuga de este poder.

Las Escrituras a la luz de la Gran Comisión

Yo creo que la única manera de interpretar correctamente las Escrituras es dentro del marco de la Gran Comisión. Cada promesa, cada mandamiento de la Biblia se malinterpretará (mucho o poco) si no se interpreta a la luz del mandamiento del Señor de ganar almas para Él. La Biblia se escribió para demostrar el amor de Dios por los perdidos y su provisión para la salvación de ellos. Por lo tanto, yo contiendo, la Palabra solo se puede comprender en su totalidad a través del propósito misionero. De tal manera amó Dios al mundo, que envió a su Hijo unigénito para salvarlo. Para comprender al Hijo, al Verbo mismo, tenemos que verlo a través de su misión redentora.

> ***Cada promesa, cada mandamiento de la Biblia se malinterpretará si no se interpreta a la luz del mandamiento del Señor de ganar almas para Él.***

Allá a mediados de la década de 1990, Lawrence Khong era un pastor exitoso en Singapur, con una congregación de miles. Juntamente con Ralph Neighbour, Khong tuvo un papel decisivo en la popularización del concepto de iglesia celular, una herramienta excelente para el cuidado de los creyentes de nuestras congregaciones. Entonces Dios comenzó a hablarle con respecto a alcanzar ciudades. Un día, Khong se encontraba parado en el hall de entrada de la estación de subterráneos en Singapur, mientras miles de personas subían y descendían de los trenes, y el Señor le preguntó, "Lawrence, ¿puedes creerme a mí por la ciudad, *tu* ciudad?" La presencia de Dios resultaba tan tangible y sus palabras eran tan insondables que el corazón de Lawrence comenzó a derretirse. Clamó al Señor, "Señor, yo quiero creerte. ¡Ayuda a mi incredulidad!" Ahí mismo en ese lugar, Dios le impartió a Khong la convicción de que Singapur se podía alcanzar para Cristo y de que ocurriría.

Este no constituía un desafío pequeño ya que Singapur está rodeada por poderosas naciones islámicas fundamentalistas, y es ilegal hacer proselitismo entre los musulmanes, evangelizar públicamente, anunciar servicios por radio y TV y predicar utilizando los medios de comunicación. Sin embargo, Dios le dio a Lawrence la misma convicción que Jesús imprimió en los corazones de la iglesia primitiva. Al salir de la estación de subterráneos ese día, Khong sabía que Singapur sería alcanzada para Cristo.

Mientras tanto, Dios estaba trabajando en los corazones y las vidas de otros pastores de esa ciudad-nación, y ellos comenzaron a orar y a pasar tiempo juntos; lo que condujo a la reconciliación pública y privada. Se realizó una cumbre de oración, y yo fui invitado a dar un seminario de entrenamiento sobre evangelismo de oración en la iglesia de Singapur. Designamos faros de oración y se programaron caminatas de oración, aunque estos proyectos eran legalmente imposibles.

Los pastores le propusieron al gobierno una caminata tipo maratón para reunir dinero con fines benéficos. El gobierno concedió el permiso, y se invitó a un alto funcionario del gobierno para que fuera el que bajara la bandera de largada para los miles de creyentes, que en realidad estaban realizando una caminata de oración encubierta. Antes de la largada, se animaba a los participantes a unirse a los ejercicios de precalentamiento, ¡que se realizaban en un campo público en el centro de la ciudad con la melodía de canciones cristianas de fondo! Desde aquella vez la caminata de oración (escondida bajo el formato de maratón) se ha convertido en un acontecimiento anual. Decenas de miles de faros de oración existen ahora en Singapur. Se estableció un fondo llamado Love Singapore [Amor por Singapur] en las diferentes congregaciones para bendecir y ministrar a la ciudad y sus habitantes. Las congregaciones están creciendo, y el clima espiritual de esta ciudad-nación ha cambiado y está ahora en manos de la iglesia.

Dios ha hecho de Singapur la Antioquia de Asia, convirtiéndola en fuente de inspiración para poderosos proyectos para alcanzar naciones como las Filipinas, India y Taiwán. Considero que *Visión 2001*, como se ha llamado el modelo de evangelismo de oración de Singapur, es el principal prototipo en alcanzar ciudades y naciones. Se puede visitar la página web de *Visión 2001* para conocer este modelo dinámico y realizable. Por otra parte, Khong ha aplicado nuevas herramientas para su concepto de iglesia-célula, con un nuevo enfoque para alcanzar ciudades. Su libro *The Apostollic Cell Church* [La iglesia celular apostólica], de TMI Publications, es de lectura casi obligatoria para los que desean alcanzar ciudades para Cristo. El día que Dios se encontró con Lawrence Khong en la estación del subterráneo le impartió fe no solo para alcanzar a Singapur sino también a otras naciones. Esto es posible. ¡Ya está ocurriendo!

¡Clamemos a Él ahora mismo! Cuando yo lo hice, sentí que el Espíritu de Dios inundaba lo más hondo de mi ser, convenciéndome de que mi ciudad podía y debía ser alcanzada, y de que el poder para realizarlo ha estado disponible desde el día que recibí al Señor. Desde entonces he sabido de cientos de pastores y líderes que han vivido una experiencia similar. Ellos ahora creen con pasión que se pueden alcanzar sus ciudades y que lo serán.

Si *nuestra* ciudad aparenta estar cerrada como Jericó, si abundan los reportes de gigantes, tengamos en cuenta que este cambio de paradigma ya está operando y que Dios ha puesto esperanza por la ciudad en los corazones de muchos.

Seamos como Caleb, que al regresar de la tierra de los gigantes dijo: "Subamos a conquistar esa tierra. Estoy seguro de que podremos hacerlo" (Números 13:30, NVI). Que nuestra oración sea: "Dame mi ciudad, oh Dios". Una vez que tomemos posesión de ella, habrá paz en la tierra, porque habremos quitado los gigantes de la región. ¡Vayamos y hagámoslo! Si tenemos oído, oigamos lo que el Espíritu está diciendo a las iglesias: Sean mis testigos en *su* Jerusalén primero.

Paradigma 3:
El evangelismo de oración es la clave para alcanzar a nuestras ciudades para Cristo

> Exhorto ante todo, a que se hagan rogativas, oraciones, peticiones y acciones de gracias, por todos los hombres (1 Timoteo 2:1).

El video *Transformations* [Transformaciones] de George Otis, Jr., que muestra cuatro ciudades que han sido literalmente transformadas por el poder de Dios, da validez al concepto de que las ciudades pueden ser alcanzadas para Cristo. Otis ha realizado un trabajo magnífico al documentar estas transformaciones espirituales y la inyección de fe en los corazones de millones.

Las personas ahora precisan saber cómo lograr la transición desde la condición espiritual muy baja, en la que se encuentran a nuestro parecer las ciudades hoy en día, hasta el pináculo de la transformación que vemos reflejado en este video. Sin un plan de acción para llevarlo a cabo, la inspiración de hoy probablemente termine siendo la frustración de mañana. Por este motivo, antes de desarrollar este paradigma, debemos plantearnos dos preguntas fundamentales: (1) ¿*Cómo* alcanzamos una ciudad para Cristo? y (2) ¿*Cuándo* podemos decir que una ciudad ha sido alcanzada?

El *cómo*: Es posible alcanzar una ciudad construyendo una cobertura de oración sobre la ciudad entera (cuadra por cuadra, vecindario por vecindario) para cambiar el clima espiritual. Este proceso refleja estratégicamente lo que dice el mandamiento de 1 Timoteo 1:15–2:8.

El *cuándo* requiere una respuesta que contiene cuatro partes, cada nivel representa un mayor nivel de penetración del evangelio:

Nivel 1: Cada oveja perdida en la ciudad tiene un pastor.
Evidencia tangible: Existe una cobertura de oración sobre la ciudad entera (sobre cada cuadra, cada vecindario), y se ora por los perdidos en forma consistente y sistemática.
Principio bíblico: Bendice a los perdidos (véase Lucas 10:5).

Nivel 2: Cada oveja perdida en la ciudad sabe quién es su pastor.
Evidencia tangible: Se han establecido relaciones amistosas con los perdidos a través de una comunión relajada, sin prisa e imparcial.
Principio bíblico: Comunión con los perdidos (véase Lucas 10:7).

Nivel 3: El clima espiritual sobre la ciudad ha mejorado.
Evidencia tangible: Se ha incrementado la piedad a la vez que se cubren las necesidades de los perdidos a través de milagrosas respuestas a la oración y actos de bondad, que posibilitan que los perdidos vean que Jesús vino al mundo para salvar a los pecadores.
Principio bíblico: Cubrir las necesidades de los perdidos (véase Lucas 10:9).

Nivel 4: La ciudad ha sido transformada, y el Reino se evidencia en toda la ciudad.
Evidencia tangible: El Espíritu del Señor está siendo derramado sobre toda carne, y multitudes llegan al Señor.
Principio bíblico: El reino de Dios ha llegado a la ciudad (véase Lucas 10:9).

Ya no nos encontramos en aquellos días en los que se esperaba que viniera alguien de afuera para alcanzar la ciudad por nosotros. Hay una creciente convicción entre los miembros de la iglesia, especialmente entre los pastores que oran juntos, que la gracia para alcanzar la ciudad ha sido depositada en la ciudad; y si se requiere de la iglesia entera para presentar el evangelio completo a toda la ciudad, *el evangelismo de oración es la mejor manera de equipar a los santos para lograrlo*. Como ya hemos hablado acerca del evangelismo de oración ahora desarrollaré los componentes necesarios para implementar la estrategia al nivel de la ciudad.

En *That None Should Perish* [Que ninguno perezca], propuse seis pasos para alcanzar una ciudad para Cristo:

1. Establecer el perímetro de Dios en la ciudad.
2. Asegurar el perímetro de Dios.
3. Expandir el perímetro de Dios.
4. Infiltrarnos en el perímetro de Satanás.
5. Atacar y destruir el perímetro de Satanás.
6. Establecer el perímetro de Dios donde antes se encontraba el perímetro de Satanás.

Los tres primeros pasos los debe llevar a cabo el grupo central de pastores que haya abrazado los paradigmas de una sola iglesia en la ciudad y de que debemos alcanzar a nuestra ciudad ahora. Ellos son los que tienen la visión y la pasión. Al implementar esos tres pasos se avanzará del sueño a la implementación práctica. Sin embargo, los pasos cuatro, cinco y seis requieren de la movilización de la iglesia entera en la ciudad.

Un método probado y comprobado

El método más efectivo que hemos visto para movilizar a la iglesia es un programa de una semana de duración que abarque a las congregaciones de aquellos pastores que oran juntos. Sugerimos que un domingo por la mañana la iglesia de la ciudad se reúna en un lugar físico amplio o en salones de reunión distribuidos por la ciudad, pero conectados por televisión. El objetivo será inspirar, equipar, movilizar y desplegar a la iglesia para evangelizar su ciudad con oración. El centro de la enseñanza deberá provenir de Lucas 10:2-9, y el objetivo es alentar a los cristianos para que salgan a hacer la paz con los perdidos y bendecir sus vidas. Cuando dirigí unas palabras a la iglesia de Modesto, California, un domingo por la mañana para comenzar con el programa de una semana, una estación de televisión transmitió la señal a cincuenta y nueve congregaciones, logrando así una reunión conjunta de la iglesia de la ciudad.

> ***Se requiere de la iglesia entera para presentar el evangelio completo a toda la ciudad. Y el evangelismo de oración es la mejor manera de equipar a los santos para lograrlo.***

Luego, el plan consiste en que desde el lunes y hasta el miércoles, se realicen tres transmisiones radiales de una hora de duración, lo ideal sería que tuvieran lugar después del horario de la cena para lograr mayor difusión. La transmisión deberá estar a cargo de un grupo de pastores de diferentes etnias y denominaciones, y será preciso solicitar a todos los creyentes de la ciudad que sintonicen la radio en sus casas. La transmisión del lunes tendrá como propósito alentar a los cristianos a dedicar sus hogares como faros de oración. La transmisión del martes deberá tener como enfoque la santificación de los hogares (véase Isaías 6) de acuerdo a la guía del Espíritu Santo durante la transmisión. El objetivo de la transmisión del miércoles es movilizar a los creyentes a realizar caminatas de oración en sus vecindarios, declarando la paz en silencio sobre cada casa y colocando debajo de cada puerta una invitación para una feria de oración que se realizará ese sábado.

El jueves y el viernes, los pastores e intercesores fortalecen la emergente cobertura de oración por medio de actos proféticos tales como orar en las puertas de la ciudad, declarar paz sobre las zonas de mayor oscuridad en la ciudad, leer la Biblia entera en voz alta en lugares altos, realizar caminatas de oración en cada escuela y organizar caravanas de oración en automóvil. El sábado, se debe visitar cada hogar de la ciudad. El mantener conectados por radio a los equipos que irán recorriendo las casas lo hace muy emocionante e inspirador porque van recibiendo en simultáneo los reportes de tareas completadas, además un equipo puede acudir en soporte de otro. El propósito de este ejercicio es que la iglesia visite cada hogar de la ciudad para invitar a las personas a la feria de oración de ese día (véase el capítulo 6, paradigma 9 para mayor detalle de la feria de oración). El día siguiente, el domingo, la iglesia debe reunirse en un lugar público para participar juntos de la Santa Cena.

Este sencillo programa de una semana de duración moviliza a la iglesia y toca a una ciudad entera en un muy corto período de tiempo. Sin este esfuerzo, la noción de que existe una sola iglesia en la ciudad y que debe alcanzar la ciudad ahora, probablemente no se extienda más allá de un grupo de pastores que oran juntos.

Si este programa de evangelismo de oración se realiza con éxito, para el fin de esa semana quedará establecida una cobertura de oración, logrando el nivel uno de penetración del evangelio en la ciudad, de acuerdo con lo planteado arriba.

No está mal para un grupo pequeño

Alcanzar este primer nivel representa un hito importante para la iglesia en una ciudad. Visualicemos por un momento el tremendo potencial de este ejercicio: Si diez pastores, con congregaciones que comprenden cinco mil miembros en total, movilizan a su gente para que ore por cien personas cada una, ¡su esfera de influencia combinada se convierte en quinientas mil personas! ¡No está mal para un grupo de diez pastores!

Permítanme animarlos a llevarlo a cabo. No importa cuan pequeña resulte la primera cobertura, siempre será más grande de lo que actualmente tenemos. Si la ciudad tiene una población de quinientos mil habitantes y la congregación no excede las doscientas personas, no permitamos que la disparidad en los números nos desanime. Debemos motivar, equipar, movilizar y entrenar a nuestro rebaño para que se convierta en los pastores de las personas que están dentro de sus esferas de influencia, y desafiar a otros pastores a hacer lo mismo. Si ellos pueden movilizar a otros ochocientos miembros, ya se tendrán mil participantes. Ahora podremos prever una cobertura de oración sobre cien mil no creyentes, ¡o sea sobre el *veinte por ciento de la población*!

Aunque algunos puedan decir que fracasamos en alcanzar a la ciudad porque *solamente* se ha llegado a cien mil personas, vale la pena el esfuerzo. ¡Siempre es mejor apuntarle a una estrella y fallar que apuntarle a un zorrino y acertar! Es preferible enfrentar al Señor habiendo alcanzado solo cien mil que enterrar nuestro talento y que Él nos reprenda (véase Mateo 25:25-30).

El evangelismo de oración es la manera de lograrlo. ¡Como se puede y se debe realizar! Vayamos y hagámoslo.

Paradigma 4
Arrepentimiento identificatorio

"Arrepentimiento identificatorio" es un término que utiliza John Dawson y que explica magníficamente en su libro *Healing America's Wounds* [Sanando las heridas de América]. El "arrepentimiento identificatorio" consiste en adueñarse espiritualmente de los pecados colectivos cometidos por personas del grupo al que pertenecemos, a fin de arrepentirnos profundamente de parte suya delante de aquellos que han sido lastimados, esto a modo de preludio para la restauración. Este modo de arrepentimiento le permite a la iglesia de la ciudad tratar eficazmente, de manera significativa y relevante para las partes lastimadas, iniquidades tales como el racismo y la intolerancia, cuyas raíces preceden a nuestra generación.

En 1 Timoteo 2:1-8, se nos manda orar en todo lugar por todos los hombres: "Levantando manos santas, [limpias] sin ira ni contienda" (v. 8). En términos prácticos, esto significa que para evangelizar con oración, debemos primeramente limpiarnos de todo enojo y revertir sus consecuencias (la contienda) al reparar las relaciones rotas. Aunque esto pueda parecer bastante sencillo, las complicaciones surgen cuando esta iniquidad no solamente involucra a individuos sino también a grupos socialmente conflictivos, por ejemplo, hombres/mujeres, blancos/negros, clase dirigente/obreros. Las complicaciones se agravan aun más cuando la ofensa inicial precede a nuestra generación, obligándonos a enfrentar un enojo que tiene raíces que están fuera de nuestro alcance.

Surge entonces la pregunta: "¿Tenemos que ocuparnos de un pecado que no cometimos nosotros mismos pero cuyas consecuencias aún están en evidencia? y si es así, ¿cómo lo hacemos?" Esta pregunta se hace aun más compleja cuando agregamos el individualismo occidental a la ecuación, con su enfoque en la dimensión personal y no comunitaria del pecado, crea un rompecabezas espiritual de proporciones gigantescas.

Saquémosle una radiografía a Efesios

El "arrepentimiento identificatorio" y su capacidad de tratar con los pecados comunitarios es una herramienta que debemos emplear si hemos de alcanzar a nuestras ciudades. Esto lo podemos ver en el libro de Efesios. Esta carta, dirigida a una iglesia que había alcanzado una ciudad (véase Hechos 19), identifica seis brechas colectivas que deben franquearse antes de que podamos confrontar con efectividad a los gobernadores, potestades y huestes espirituales de maldad en los lugares celestes (véase Efesios 6:12). Las seis brechas en cuestión son estas:

Brecha	Grupos a los que representa la brecha
Étnica (Efesios 2)	Judíos contra gentiles
Denominacional (Efesios 3)	Los perdidos contra los santos
Ministerial (Efesios 4:1-16)	Apóstoles contra profetas, evangelistas, pastores y maestros
De género (Efesios 5:22-23)	Esposos contra esposas
Generacional	Padres contra hijos
Laboral	Amos contra esclavos

Pablo nos instruye a luchar contra las fuerzas espirituales de maldad *después* de mostrarnos cómo cerrar estas seis brechas colectivas. En Efesios 6:10, cuando señala la manera de achicar la brecha entre amos y esclavos, amonesta: "Por lo demás, hermanos míos, fortaleceos en el Señor, y en el poder de su fuerza", para poder estar firmes en el día malo. Pablo está hablando de guerra espiritual de la más intensa contra el diablo mismo.

Su exhortación aquí tiene dos componentes: ser fuertes en el Señor y ser fuertes en el poder de su fuerza. Aun cuando son complementarios, se trata de dos elementos diferentes.

Se necesita alguien fuerte para construir puentes

Estar "fortalecidos en el Señor" se refiere específicamente a que tendamos puentes entre las seis brechas mencionadas arriba, porque en Dios no existen tales divisiones. En Él no hay judío ni gentil, ni Pablo ni Cefas ni Apolos, ni varón ni mujer, ni amo ni esclavo; lo que significa que ningún grupo posee una concesión sobre otro. Cuando nos fortalecemos en el Señor, podemos vernos el uno al otro como Dios nos ve, sin las divisiones causadas por el pecado. Mediante el poder de la cruz hemos desterrado el enojo que nos mantenía separados. Esta es la dimensión *defensiva* de la guerra espiritual que asegura nuestro perímetro interior cuando invalidamos la jurisdicción que obtuvo el enemigo a partir del enojo que generó esas brechas (véanse Efesios 4:26, 27). Pero esto es solo la mitad de la ecuación.

La otra mitad es estar fuertes "en el poder de su fuerza". Esta es la dimensión *ofensiva* necesaria para encarar y derrotar a las huestes de maldad en los lugares celestes. No obstante, no se debe realizar ninguna ofensiva hasta que todas las brechas mencionadas en los capítulos 2 al 6 se hayan cerrado. Dado que estas grietas y las divisiones que representan reflejan conflictos entre grupos y no únicamente entre individuos, es aquí donde entra en acción el "arrepentimiento identificatorio".

¿Nos podemos arrepentir por los pecados de otros?

Una de las objeciones que se le hacen a la validez bíblica del "arrepentimiento identificatorio" tiene sus raíces en la creencia de que una persona puede confesar el pecado de otro pero que no puede arrepentirse por él porque solo el que lo cometió es capaz de hacerlo. En el caso de los pecados personales, esto es correcto; pero no sucede lo mimo con los pecados colectivos. Dios trata con grupos además de tratar con individuos. Esta es un área en la que el individualismo occidental nos impide ver la realidad de la dimensión comunitaria de la vida, en general, y en las Escrituras en particular.

La teología occidental tiende a ser unidimensional, y a centrarse en el individuo y en su relación con Dios. Este enfoque pasa por alto el hecho de que existen abundantes ejemplos en la Biblia en los que Dios obró en grupos de personas (tanto para bendición como para castigo) a causa de un individuo. Abraham le creyó a Dios y, en consecuencia, las naciones fueron benditas. Acán pecó durante el saqueo de Jericó, y él y su familia entera sufrieron las consecuencias mortales. Moisés, en más de una ocasión, intercedió delante de Dios por los pecados de Israel, y Dios tuvo misericordia de la nación. De la misma manera, Nehemías se arrepintió por los pecados de sus antepasados. El pecado tiene una dimensión colectiva y consecuencias en toda la comunidad. Si la gracia de Dios es el remedio para el pecado, para ser eficaz entonces, también debe tener beneficios colectivos.

Absuelto como individuo, condenado como parte de la comunidad

Aunque las personas de raza blanca en Norteamérica no poseen esclavos en la actualidad, el pecado de la esclavitud es un pecado del hombre blanco y sus consecuencias aún se evidencian en todas partes. Nuestros hermanos negros permanecen en una situación inferior gracias a la explotación que perpetuaron nuestros ancestros sobre los de ellos en el pasado. Tendemos a considerar la esclavitud como un pecado del pasado, pero millones de personas cuyos ancestros han sido abusados por los nuestros conviven a diario con las consecuencias de este pecado. Las personas blancas pueden resultar absueltas en el plano individual, pero están condenadas por ser parte de aquella comunidad, aunque les resulte difícil entenderlo de esta manera.

Esta dificultad se acrecienta por el hecho de que el de los blancos es uno de los grupos de personas que no poseen una mentalidad de grupo. Por ejemplo, cuando se le pregunta el nombre, una persona blanca da su nombre, y ahí se termina la historia. Sin embargo, cuando una persona de otra etnia responde a la misma pregunta, un eco en su mente agrega: "Y soy afroamericano, o hispano asiático, o americano nativo". Esto es porque estas personas se consideran como parte de una unidad social más grande (su grupo étnico) y esto tiene impacto directo sobre su manera de procesar la realidad, especialmente en el área de la injusticia.

Lo que ves depende de tu color

Es por esto que los blancos y la gente de color tuvieron reacciones tan divergentes al ver el video de la golpiza que en 1991 recibió Rodney King, el afroamericano que fue salvajemente golpeado por oficiales de policía blancos durante una marcha en Los Ángeles.

Muchos blancos solo vieron como un negro ex convicto que violaba su libertad condicional, que era golpeado por los oficiales de policía, que casualmente eran blancos. Para los blancos, el incidente representaba un asunto entre individuos: Rodney King y los oficiales que le pegaron.

Los afroamericanos reaccionaron de manera muy diferente. Lo que ellos registraron fue la golpiza que recibía la raza negra a manos de los blancos. En ese momento, veían las iniquidades históricas de este grupo social recayendo otra vez sobre ellos; de ahí su reacción explosiva cuando se exoneró a los oficiales blancos.

La incapacidad que tiene la mayor parte de las personas blancas para conectarse con su grupo étnico les impide ver la necesidad de *arrepentirse por* los pecados de su propio grupo social, en lugar de conformarse con confesarlos. Una manera de corregir esta situación es que los cristianos blancos busquen a una persona de color para convertirse en su hermano del alma, y desarrollar con él una amistad duradera para aprender a ver y experimentar la dimensión comunitaria de la vida.

La diferencia entre raza y etnia

Una segunda área de dificultad con respecto a la brecha étnica es el no saber distinguir entre raza y etnia. La raza se transfiere a través de los genes; la etnia se transmite a través de la cultura. El no ser capaces de diferenciar entre raza y etnia nos ha llevado a suponer que al agregar "color" en lugar de sustancia, hemos cerrado la brecha étnica en nuestras congregaciones y en nuestro equipo de trabajo.

He oído a pastores decir: "Nuestro equipo está totalmente integrado. Hay filipinos, afroamericanos, asiáticos e hispanos". ¡El problema es que todos se comportan como blancos! Una integración total no significa simplemente permitir que personas de diferentes razas ingresen a nuestro círculo para adoptar nuestro estilo de vida. Esto no es mejor que lo que sucede en los barrios, en los que se permite (o tolera) que la gente de color viva en el vecindario, siempre y cuando accedan a armonizar con la cultura blanca prevaleciente.

Intención correcta, resultados equivocados

Esto es lo que sucedió en el programa social del Presidente Lyndon Johnson, *La gran sociedad*. Al hacer posible que *los más prometedores líderes de color* salieran de sus vecindarios ancestrales para mudarse a zonas tradicionalmente blancas, los grupos no blancos perdieron su gente más idónea, aquellos que tenían la capacidad para ser mentores de los jóvenes, un concepto central en la mayoría de las culturas no blancas. No nos debe asombrar que gracias a eso los vecindarios étnicos rápidamente se convirtieran en guetos.

Este egocentrismo no es mejor que la actitud de los judaizantes con los que Pablo tuvo tanta dificultad. Ellos creían que los gentiles podían ser salvos siempre y cuando se hicieran *culturalmente* judíos. Esto es lo que está sucediendo hoy en muchos círculos "integrados". Las etnias son bienvenidas con tal de que adopten el estilo de vida y la cultura del hombre blanco.

Para corregir este etnocentrismo (esta subvaloración de las culturas étnicas) necesitamos tener en mente que la gente de color percibe las acciones de los blancos a través de una grilla de tres niveles: participación, compañerismo y liderazgo. El primer nivel es el que más familiar nos resulta. Las congregaciones predominantemente blancas a menudo se ocupan de participar en acontecimientos y programas juntamente a las congregaciones de otras etnias. El área en la que se necesita una mejoría es en la de lograr que esta participación se convierta en una calle de doble mano. En lugar de siempre esperar que los no blancos vengan a nuestro lugar, debemos también ir al de ellos, ¡con gozo y sin temor!

Los otros dos niveles están mucho menos desarrollados. El compañerismo requiere mantener un trato con las personas de color en el que se da y se recibe con la deferencia y el respeto que se brindan los compañeros de trabajo en las empresas. Tenemos que consultar con ellos antes de tomar decisiones. No podemos poner la mesa, elegir el menú, asignar los asientos y pagar la comida y esperar que a ellos les agrade.

Sin embargo, el nivel más alto es el del liderazgo. Aquí es cuando las personas de otras etnias lideran y los blancos los siguen. Este nivel no puede lograrse en el primer paso; pero si mantenemos en mente esta grilla de los tres niveles, no estaremos satisfechos con solo invitarlos a participar, y comenzaremos a progresar hacia el compañerismo y el liderazgo de aquellos que pertenecen a otras razas.

La necesidad de cerrar la brecha étnica y las otras cinco antes de encarar a las fuerzas de maldad está acorde con la exhortación de 1 Timoteo 2:8 de que nos deshagamos de las discordias que resultan de la ira. El "arrepentimiento identificatorio" es la provisión de Dios para esto. ¿Cuál es la alternativa? Permítanme mostrar lo fea que se podrían volver la situación, a través de un cuadro en el que las seis brechas no se han cerrado: Nos encontraremos en una iglesia étnicamente dividida y segregada, que está conformada por facciones en guerra por asuntos menores de doctrina y práctica, bajo el liderazgo destructivo de ministros que compiten en un contexto de abuso sin resolver entre hombres y mujeres, padres e hijos, ricos y pobres. ¿Entonces quién creería en nuestro mensaje? No es de asombrarse que Jesús ore pidiendo que todos seamos uno "para que el mundo crea" (Juan 17:21).

¡Alabado sea Dios!, este cuadro está comenzando a mejorar mientras los grupos comienzan a arrepentirse el uno delante del otro, sea en la soledad de un pequeño edificio de iglesia o en una gigantesca concentración. "El arrepentimiento identificatorio" es la herramienta de Dios para esto. ¡Usémoslo!

CAPÍTULO 6

PARADIGMAS RECIENTES

La iglesia se encuentra en los edificios, principalmente los domingos; pero no es allí a donde pertenece. La iglesia pertenece al ámbito exterior, es decir, a toda la ciudad.

Los cinco paradigmas que se desarrollarán en este capítulo son tan válidos y bíblicos como los que ya hemos desarrollado; pero representan cambios de pensamiento de una cepa más moderna. Estos *paradigmas recientes*, que recién ahora están tomando asidero en medio de la iglesia, nos presentan un punto muy reconfortante: *La iglesia no pertenece al ámbito interno de un edificio sino que debe hallarse en toda la ciudad.*

Los barriletes no vuelan en los altillos, sino en el cielo. Se pueden guardar en un altillo, pero eso no hace que sea su hábitat natural. Los barcos no navegan en los remolques que los transportan por la carretera; navegan en el agua. A veces un acoplado lo acarrea de un lado a otro, pero ese no es su escenario definitivo. De la misma manera, la iglesia se encuentra en edificios, principalmente los domingos, pero no es allí a donde pertenece. La iglesia pertenece al ámbito exterior, es decir, a toda la ciudad. Permítanme contar una historia que lo ilustrará mejor.

El picnic de la iglesia había sido planificado a la perfección. Se habían asignado personas para trabajar con cada uno de los grupos divididos por edades, se había colocado a los mejores especialistas a cargo de la logística, los juegos, la ministración y los deportes. Se consiguió el equipamiento necesario y se lo transportó al lugar del picnic. La congregación entera apareció a horario y con gran expectativa. Todo estaba organizado, y todos esperaban pasar un día maravilloso. Pero a los treinta minutos de que comenzó el picnic se largó una lluvia torrencial y todos y todo debieron desplazarse hasta un granero cercano.

Para no desaprovechar la ocasión, los líderes dividieron el granero en sectores. Pusieron las parrillas para asar y las mesas de servir hacia el fondo. En el centro armaron mesas para los juegos. A la derecha crearon una zona para los niños. Al lado de los niños, ubicaron a los jóvenes y su banda de alabanza apabullante. El sector de adultos se encontraba más cerca de la salida, con una subdivisión reservada para los intercesores; y entre ellos y la puerta principal se improvisaron canchas de vóley y mini fútbol.

Desafortunadamente nadie estaba contento. La mayoría de los juegos y todos los deportes se habían pensado para el aire libre y no para adentro. El humo que provenía de las parrillas molestaba a los ojos. Lo que para la juventud era música emocionante resultaba un molesto ruido para los mayores por la cercanía en la que todos se encontraban. La situación llegó al punto de ebullición cuando una pelota cayó sobre la mesa de los postres, desatando una cascada de merengue, crema batida y mousse. Los ánimos se caldearon, se entrecruzaron palabras duras y lo que podría haber sido un día memorable resultó ser un día para el olvido. ¿Por qué? *Porque lo que tuvo lugar adentro de ese granero debería haber ocurrido afuera.*

Lo mismo sucede hoy con la iglesia. Muchos de los problemas que la persiguen dejarían de ser problemas si la iglesia operara más afuera que adentro. Esta historia ejemplifica la noción errónea de que la ciudad debe venir a la iglesia. Es al revés: *La iglesia debe ir a la ciudad.*

No esperemos que el mundo venga a nosotros

La tendencia hacia el egocentrismo estuvo presente en la iglesia desde el principio. Cuando Jesús les dijo a sus seguidores que esperaran en Jerusalén hasta que viniese el Espíritu Santo, ellos inmediatamente hicieron la pregunta equivocada: "Señor, ¿restaurarás el reino a Israel en este tiempo?" (Hechos 1:6). El interés de los discípulos en la restauración del Reino estaba relacionado con los tiempos antiguos, especialmente el tiempo de Salomón, cuando Jerusalén era el centro del mundo. Si tal restauración había de suceder, razonaban ellos, el mundo entero vendría a Jerusalén, donde los discípulos tendrían una plataforma donde hablar a todos acerca de Cristo. Al parecer, los discípulos esperaban que algo atrapara la atención del mundo y la dirigiera *hacia ellos*.

Jesús tenía algo distinto en mente: en lugar de esto sus discípulos irían *al mundo*. Debían alcanzar Jerusalén primero y desde allí progresar hacia afuera yendo a Judea y a Samaria, y seguir andando hasta alcanzar los confines de la tierra. El propósito de Jesús nunca fue que la iglesia fuera un monumento para admirar sino, más bien, un *movimiento* que barriera todo a su paso. ¡Decididamente no estaba pensando en un picnic en un granero!

A pesar de la clara amonestación de Jesús, así y todo tomó catorce años que los discípulos salieran de Jerusalén para siempre, y no lo hicieron por voluntad propia sino por causa de la persecución. Tal parece que les gustaba vivir en la ciudad que había conocido una buena cuota del poder de Dios a través de los siglos. Sin embargo, los encuentros de poder más espectaculares registrados en el libro de Hechos ocurrieron *después* de su salida de Jerusalén; de allí la sabiduría de *ir hacia* los perdidos en lugar de *esperar que fueran ellos los que vinieran* (véase Hechos 8–12).

Hasta muy poco tiempo atrás la iglesia se encontraba trabada en el mismo hoyo de Hechos 1:6, trabajaba fuerte para producir los picnic de granero más prolijos, mejor organizados y llamativos. Sistemáticamente hemos aplicado poder divino para lograr las mejores presentaciones, las más grandes, con la esperanza de que al verlas los perdidos entraran a nuestros prolijos graneros. ¡Alabado sea Dios!, este es otro paradigma que está comenzando a modificarse. Los cambios de paradigma que describo en este capítulo muestran que la iglesia finalmente está saliendo del granero.

Paradigma 5:
La iglesia no nació en el aposento alto sino en el mercado

> Y hecho este estruendo, se juntó la multitud.
> Entonces Pedro, poniéndose en pie con los once, alzó la voz y les habló.
> Así que los que recibieron la palabra fueron bautizados; y se añadieron aquel día como tres mil personas
> (Hechos 2:6, 14, 41).

El aposento alto pertenece al salón de la fama cristiano juntamente con el pesebre del establo en Belén. Jesús nació en el pesebre; esa es una realidad. El aposento alto se considera el lugar en el que surgió la iglesia. Tengo mucha reverencia por el aposento alto, pero no creo que allí naciera la iglesia. Se ha generado mucho daño por este error conceptual. Cuando el Espíritu Santo cayó sobre los discípulos en el aposento alto, lo primero que hizo fue *sacarlos de allí* en lugar de *mantenerlos adentro*. Este es un punto crucial.

Los bebés se conciben en el vientre de la madre, pero no nacen hasta que no salen del vientre. De la misma manera, la iglesia se concibió y se desarrolló (como un bebé) en el aposento alto, pero no nació hasta que los discípulos salieron al mercado en donde predicaron la palabra de Dios y tres mil hombres creyeron en Cristo. Este punto es clave, porque mientras sigamos creyendo que la iglesia nació dentro de cuatro paredes, siempre necesitaremos cuatro paredes para tener una iglesia. Peor todavía, esto hará que confundamos el edificio de la iglesia con la *ekklesia*, la reunión de los creyentes. Y son dos cosas totalmente diferentes.

Este cambio de paradigma es crucial para alcanzar ciudades.

Una congregación de mil miembros está, durante la mayor parte de la semana, estratégicamente ubicada en vecindarios, lugares de trabajo y universidades por toda la ciudad. A causa de está distribución estratégica, estos miembros se encuentran en posición de convertirse en pastores de cantidades de personas dentro de sus ámbitos de influencia. Si cada miembro toma responsabilidad de velar por cien conocidos y familiares no salvos, ¡la esfera de influencia unificada de esa congregación abarcará a cien mil personas!

Sin embargo, cuando la iglesia y el edificio de la iglesia están tan ligadas en nuestras mentes al punto de que las percibimos casi como sinónimos, ocurre un desastre evangelístico. Se espera que los creyentes inviten a los pecadores al edificio de la iglesia para escuchar a un predicador, con la esperanza de que estas almas perdidas reciban al Señor. Lamentablemente, muy pocos lo hacen, ¡y los que sí lo hacen requieren de mucha atención y mantenimiento para que sigan asistiendo al edificio!

Jesús presentó el reino de Dios no como algo a lo que deben ingresar las personas sino como algo que se acerca a ellos: "Decidles: *Se ha acercado a vosotros* el reino de Dios (Lucas 10:9; énfasis del autor). Consiguientemente, la iglesia debe ir hacia las personas.

Poco tiempo después del nacimiento de la iglesia, los primeros cristianos llenaron la ciudad de Jerusalén con la enseñanza del mensaje del evangelio (véase Hechos 5:28). ¿Cómo lo hicieron? En el templo y por las casas, en público y además en los lugares privados, ¡ellos tenían iglesia diariamente, no semanalmente!

> Y perseverando unánimes cada día en el templo, y partiendo el pan en las casas, comían juntos con alegría y sencillez de corazón, alabando a Dios, *y teniendo favor con todo el pueblo.*
> (Hechos 2:46, 47; énfasis del autor).

Observemos la naturaleza dinámica de la iglesia, y cómo al tener iglesia casa por casa ganaban favor con todas las personas. Esto era evangelismo dinámico, generado por Dios: "Y el Señor añadía cada día a la iglesia los que habían de ser salvos" (v. 47).

La iglesia es demasiado valiosa para mantenerla en secreto. Corresponde tenerla por toda la ciudad.

Cierre eclesiástico

Richard Gazowsky, el pastor de Voice of Pentecost [La voz del Pentecostés] en San Francisco, California, entendió hace tiempo que su feligresía estaba algo confundida respecto a este tema. Peor aún, él percibía que el orgullo que sentían de venir a la iglesia (es decir, al edificio de la iglesia) en una ciudad tan alejada de Dios los convertía en demasiado "religiosos". Gazowsky decidió tomar acción drástica al respecto. De hecho, lo que hizo es tan extremo que no creo que debamos tratar de reproducirlo. Simplemente lo relato porque es una ilustración elocuente del tema en cuestión.

Richard decretó un "ayuno de edificio de iglesia" de cuarenta días, él instruyó a las personas que no vinieran al edificio de la iglesia durante cuarenta días. Y Si llegaran a venir, encontrarían las puertas cerradas con llave.

Durante este ayuno poco común (el equivalente eclesiástico de una huelga laboral) se les pidió a los miembros que no pasaran tiempo con otros cristianos ni sintonizaran la radio cristiana ni la televisión cristiana ni leyeran revistas cristianas; en vez de esto se los animó a invertir tiempo en hacerse amigos de los vecinos y asistir a eventos deportivos y sociales con ellos. Además, cada semana cuando los miembros pasaban por la iglesia para dejar sus diezmos u ofrendas, Richard les entregaba un mapa que mostraba un sector de la ciudad en el que debían colgar carteles de los picaportes con el siguiente mensaje: "Dios te ama y nosotros también. Si necesitas oración, por favor contacta a nuestra iglesia a este número telefónico. Si pasas por la iglesia, con todo gusto te regalaremos una Biblia".

El propósito era llegar a cada hogar en San Francisco, una empresa no menor para esta congregación relativamente pequeña. Sin embargo, cuando faltaban solo unos minutos para la medianoche del día número cuarenta, en medio de una feroz tormenta, se contactó el último hogar, llegando a un número total de 261.900 casas. Los resultados fueron extraordinarios: 8.600 personas llamaron para pedir oración, se regalaron 10.000 Biblias, 4.100 personas preguntaron acerca de la salvación y 150 fueron bautizadas de inmediato.

¡Y esto sucedió en la ciudad de San Francisco, por increíble que parezca! Richard demostró que cuando sacamos el picnic afuera, ¡todos se quieren sumar!

Bendiciones durante la hora pico

Eduardo Lorenzo, un pastor Bautista en la ciudad de Adrogué, Argentina, hizo algo parecido. El 23 de diciembre de 1998, desplegó a 550 creyentes que pertenecían a 12 congregaciones en una de las principales estaciones de trenes de Buenos Aires, equivalente de Victoria Station en Londres. Exactamente a las seis de la tarde, cuando comienza la hora pico, todos empezaron a cantar "Aleluya", primero muy suavemente y luego incrementando la fuerza hasta que ¡el hall entero se llenó de sus voces *y de la presencia tangible de Dios*! Dado que esta era la hora pico, miles de viajeros los vieron y los oyeron cantar. Muchos se detuvieron para observar, algunos incluso lloraban. Los cristianos bendecían a los viajeros al subir a los trenes, y pequeños grupos de creyentes abordaron los vagones. Se repartieron entre los distintos coches e hicieron saber que estaban allí para ministrar a los pasajeros. Al final, se testificó personalmente a casi 7.000 personas; 6.736 aceptaron oración por sus necesidades; y 1.704 recibieron al Señor *públicamente*. A todos pareció agradarles este picnic al aire libre.

Paradigma 6:
La oración es una actividad pública

> Quiero, pues, que todos los hombres oren en todo lugar, levantando manos santas, sin ira ni contienda (1 Timoteo 2:8).

De la misma manera que la necesidad legítima de un edificio en el que reunirse oculta el hecho de que la iglesia debería estar en toda la ciudad, el énfasis puesto sobre la dimensión privada de la oración ha socavado y a menudo destruido la dimensión pública de la oración (dimensión imprescindible para el evangelismo de oración). Si resulta dañino restringir a la iglesia (ekklesia) a las cuatro paredes, es aun más perjudicial acotar la oración al cuarto de oración. Esto priva a la ya limitada iglesia de una poderosa herramienta bíblica para alcanzar a los perdidos: la oración pública.

Una búsqueda de la palabra oración en la Biblia revela más ejemplos de oración pública que de oración privada. Esto no significa que las personas no oraran en privado, pero sí demuestra que la oración pública tiene un fundamento bíblico más fuerte del que suponíamos.

Los perdidos precisan escucharnos orar

Encontramos varias instancias en la Biblia en las que la salvación de los perdidos estaba en juego y la oración pública vino al rescate. Elías, en su memorable encuentro con los profetas de Baal, no dijo: "Bueno muchachos, ahora inclinen sus cabezas y cierren los ojos mientras yo entro al cuarto de oración para orar". Por el contrario, oró en voz alta y claro, a plena vista de todos y en voz bien audible. Jesús también veía a la oración pública como muy estratégica. Antes de levantar a Lázaro de los muertos, se acercó al Padre y dijo algo así: "Padre, en unos momentos voy a elevar mi voz en oración. Por favor, no pienses que dudo que tú me oyes siempre. Yo sé que me oyes. Pero necesito orar en voz alta para que la gente oiga mi oración, de modo que cuando tú respondas, ellos sepan que tú me oíste" (véase Juan 11:42).

Pablo también dio instrucciones específicas de llevar nuestras oraciones por toda la ciudad: "Quiero, pues, que todos los hombres oren en todo lugar" (1 Timoteo 2:8). Todo lugar significa en cada lugar de la ciudad, no en cada lugar del edificio de la iglesia. Cuando Pablo y sus compañeros llegaron a Filipos se fueron a buscar una reunión de oración, ¿adónde fueron? Junto al río, un lugar nada privado (véase Hechos 16:13). Más tarde, a Pablo y Silas los echan a la cárcel, en donde oraron en voz alta. ¿Cómo respondieron los no creyentes que los escuchaban? "Y los presos los oían" (Hechos 16:25). Este cambio de paradigma reciente está modificando nuestra manera de orar. Cuando los cristianos comienzan a orar públicamente por los perdidos, ven que sus oraciones son bienvenidas, no molestas.

¿Hemos orado por la moza que sirve nuestra mesa?

Un grupo de líderes cristianos que se encontraban almorzando en un restaurante en Dallas le preguntó a la moza que los atendía si ella tenía alguna necesidad por la que ellos pudieran orar. Ella les respondió que necesitaba un automóvil. Le pidieron que especificara qué tipo de coche quería. Cuando dijo un Nissan negro, ellos se tomaron de las manos y oraron por esto en su presencia. A mitad de la oración, se vieron interrumpidos por fuertes sollozos. La camarera estaba llorando. En medio de sus lágrimas dijo: "Nunca nadie había orado por mí. Estoy muy conmovida". Recibió al Señor ese día juntamente con otros cuatro empleados que habían sido testigos de la oración pública. En otra ocasión, mi amigo Rick Heeren y yo quisimos conseguir algo de comer en un hotel donde yo estaba parando, pero no nos recibieron porque el restaurante ya estaba a punto de cerrar. Nos indicaron que fuésemos al bar en su lugar. Al entrar al bar, observamos que la camarera que atendía se veía triste y sobrepasada de angustia. Cuando se acercó para tomar nuestro pedido, le preguntamos si necesitaba oración por algún motivo. Nos miró perpleja, como si tratara de entender si era en serio o no. Preguntó: "¿No me lo dicen en serio, no?" Cuando le dijimos que era de verdad, literalmente cayó sobre sus rodillas al lado de nuestra mesa y dijo: "Necesito oración desesperadamente. ¡Por favor háganlo!" Mencionó que necesitaba un trabajo diferente. Oramos por eso. Antes de las 24 horas, Dios abrió una puerta para un nuevo trabajo, y ella llegó a comprender que "Cristo Jesús vino al mundo a salvar a los *pecadores*" (1 Timoteo 1:15; énfasis del autor).

¿Un equipo soñado o una pesadilla?

Comprender la dimensión de la oración pública y el hecho de que el mercado es el hábitat natural de la iglesia es de crucial importancia para el evangelismo de oración. Permíteme ilustrar esto con un ejemplo del mundo de los deportes.

Reunieron a Larry Bird, Michael Jordan, Magic Johnson, Carles Barkley y otros jugadores renombrados de la NBA durante los Juegos Olímpicos de 1984 para formar el mejor equipo de basquetbol de la historia. Se lo llamó el Dream Team [Equipo soñado]. Esta era la más fantástica acumulación de talento atlético jamás reunida y absolutamente inaguantable. Yo lo sé porque tuve que ver a nuestro equipo de Argentina jugar contra ellos y perder por más puntos de los que quiero recordar.

Pero, ¿qué hubiera pasado si se le hubiera impuesto una restricción al Equipo soñado, prohibiendo a sus miembros pasar de la mitad de la cancha hacia su propio cesto? Hubieran jugado un impresionante partido defensivo. Aun tirando desde la mitad de cancha, hubieran logrando suficientes tantos como para ganar la mayoría, sino todos sus partidos. ¡Así de buenos eran ellos! Sin embargo, si hubieran sido simplemente jugadores promedio, el equipo habría perdido todos los partidos en semejante condición. La razón es muy simple: Se requieren jugadores estrella para sumar muchos puntos desde la mitad de la cancha.

La iglesia ha puesto el evangelismo en manos de jugadores estrella, personas extraordinarias capaces de anotar desde una distancia de 50 metros, mientras los demás observan desde afuera. Cuando este equipo soñado lanza la pelota, la iglesia anota muchos puntos. Pero cuando las personas comunes lo intentan, la iglesia pierde demasiadas oportunidades. Sin embargo, la iglesia ahora está redescubriendo la dimensión pública de la oración, permitiéndoles a todos sus jugadores jugar con la pelota en toda la cancha para anotar tantos a voluntad. La iglesia ya no juega el mejor partido defensivo; estamos a la ofensiva y todos nuestros jugadores lanzan al cesto, anotan puntos, y el marcador da testimonio de nuestro éxito. La marea está cambiando. ¡La iglesia va ganando!

> ***La iglesia se ha puesto el evangelismo en manos de los jugadores estrella, mientras los demás observan desde afuera.***

Paradigma 7:
El redil no es lo mismo que el rebaño

> Y al ver las multitudes, tuvo compasión de ellas; porque estaban desamparadas y dispersas como ovejas que no tienen pastor (Mateo 9:36).

En su mayoría, los pastores han realizado una tarea magnífica ministrando a las personas que están bajo su cuidado, trabajando por muy poca paga, bajo circunstancias muy difíciles, a menudo sin que se aprecien sus esfuerzos y siempre a gran costo personal. No hay dudas respecto a la calidad maravillosa del pastorado en toda la iglesia y el sobresaliente nivel de compromiso de los pastores en general. Desafortunadamente, se ha cometido un importante error en cuanto a la comprensión del tamaño de los rebaños que se les han confiado a esos mismos pastores. Durante siglos, el concepto de rebaño que ha tenido la iglesia ha sido demasiado restrictivo y por esta razón la mayor parte de las ovejas se desatendieron. Para entender esto miremos un pasaje muy revelador.

En Juan 21:15, cuando Jesús le pregunta a Pedro: "¿Me amas?" y Pedro responde afirmativamente, Jesús le dice: "Apacienta mis corderos". Tradicionalmente, se ha interpretado que Jesús nombraba a Pedro como jefe terrenal de aquella iglesia que Él estaba por dejar al ir al cielo. No obstante, esta exégesis es demasiado estrecha y nos conduce a una mala interpretación.

Jesús fue muy específico en sus instrucciones: "Apacienta mis corderos". ¿Qué significa alimentar o apacentar a sus corderos? Los corderos que más alimento necesitan no son los que se encuentran en el redil sino los que están fuera de él, es decir, los corderos perdidos. En la parábola del buen pastor, el pastor deja 99 corderos en la pastura, con su abundancia de alimento, y va en busca del cordero que está perdido, que probablemente es el que más hambre siente (véase Mateo 18:12-14).

Pasión por las personas

Demasiado a menudo la iglesia se ha concentrado en cuidar a los santos a expensas del perdido. Recuerdo haber visto el anuncio de un muy conocido seminario en el que la foto de un orador famoso a nivel nacional, que se había graduado de ese mismo seminario, iba acompañada de la leyenda: "Nuestra pasión son las personas que están en los bancos de la iglesia". Por más lindo que esto sonara, resultaba desacertado por dos motivos: Primero, las personas que están en los bancos de las iglesias representan a la minoría de los corderos que se nos han confiado; y segundo, si hemos hecho nuestra tarea medianamente bien, aquellos que se encuentran en los bancos deberían poderse alimentar solos. Los corderos perdidos precisan más de nuestros cuidados, y los necesitan con urgencia. Allí es donde debería estar nuestra pasión.

El rebaño que Jesús nos confió se compone de dos clases de ovejas: las halladas y las perdidas. Las primeras están dentro del redil, y las últimas se encuentran fuera, perdidas pero aun así son parte del rebaño. Hemos errado al considerar que el redil es el rebaño entero. Este es un error. No es lo mismo el rebaño y el redil. El rebaño está compuesto por la población de la ciudad, y la mayoría está perdida y espiritualmente hambrienta. El redil, mucho más pequeño, está conformado por aquellos que son salvos. Cuando Jesús le instruyó a Pedro que apacentara sus corderos, hablaba primordialmente de aquellos que se encontraban fuera del redil, porque son ellos los que tienen mayor necesidad de alimento.

Pastor de un centro comercial

Un pastor del sur de Inglaterra decidió presentarse como su pastor a los dueños de los negocios de un centro comercial. Les pidió perdón por haberlos descuidado en el pasado y anunció que realizaría visitas pastorales con regularidad. Al principio los dueños de los negocios no sabían cómo reaccionar ante ello; pero suponiendo que no les traería problemas, accedieron silenciosamente. Cada día el pastor pasaba por el centro comercial, se detenía en cada negocio, buscando oportunidades para ministrar y ofreciendo orar por sus necesidades. Muy pronto se encontró orando diariamente por los dueños de los negocios y por algún cliente al que se lo hubieran recomendado. En la actualidad, a este pastor se lo tiene en gran estima como el capellán del centro comercial, y algunos allí lo presentan con orgullo como "mi capellán".

Este pastor llegó inclusive a desarrollar una amistad informal tanto con un homosexual como con una lesbiana. Al demostrarles amor y aceptación incondicionales, comenzaron a confiar en él. Esto llevó primero a un poco de intercambio sobre asuntos espirituales, y más tarde a pedidos de oración más detallados. Poco a poco, estos dos se enamoraron *el uno del otro*, y le pidieron al pastor que realizara una ceremonia de casamiento. El pastor estuvo de acuerdo y sugirió consejería prematrimonial. En una de las primeras sesiones, presentó la importancia de la fe en Dios como pilar para un matrimonio duradero. Luego sugirió que hicieran el curso Alpha, (Un programa de discipulado). Transcurrida la mitad del curso, ambos recibieron al Señor y renunciaron a sus antiguos estilos de vida. ¡Qué cambio! Nunca se sabe qué cosas extraordinarias pueden ocurrir cuando nos aventuramos fuera del redil.

Paradigma 8:
Los pastores han sido llamados a pastorear la ciudad, no solamente a la iglesia

> Y ahora habéis llenado a Jerusalén de vuestra doctrina (Hechos 5:28).

Dios siempre es incluyente y expansivo cuando se trata del cuidado de los perdidos. El corazón de la ciudad en los tiempos del Nuevo Testamento era el mercado, y es allí donde Pablo y sus compañeros concentraron sus esfuerzos para tocar a la ciudad y a la región de alrededor. La ciudad era su objetivo principal. Este es un punto muy importante porque revela un serio problema contemporáneo: Estamos plantando iglesias para pastorear a santos en vez de pastorear a la ciudad. O, peor aún, plantamos una "iglesia" para cumplir con nuestro llamado pastoral, sin ningún llamado imperioso con respecto a los perdidos.

A menudo, los que plantan iglesias recorren la ciudad y determinan que aunque ya existen una cantidad de iglesias, muy probablemente a una nueva también le iría bien, de manera que siguen adelante pensando en los futuros miembros pero rara vez considerando la ciudad. Como para enfatizar la pureza de sus motivaciones, plantean que no están interesados en la cantidad sino en la calidad, siendo su principal objetivo establecer un testimonio. Esta no era la estrategia de Pablo. Podría haber plantado miles de congregaciones nuevas entre Jerusalén e Ilírico, pero eligió no hacerlo. ¿Por qué? Porque su objetivo principal era alcanzar ciudades, no plantar iglesias donde "Cristo ya hubiese sido nombrado" (Romanos 15:20) como lo hacemos hoy. No digo que plantar iglesias no fuera importante para Pablo. Lo era. Sin embargo, él veía a la iglesia del mismo modo que el granjero ve al granero: al servicio de la cosecha y nunca como sustituto de ella. Comenzando con Hechos 1:8, el esfuerzo siempre tuvo como meta alcanzar ciudades y regiones, las iglesias se plantaban como resultado de esto.

¿Cuán grande es tu congregación?

Más y más pastores están comenzando a ver a la ciudad con sus múltiples grupos de personas perdidas (escuelas, bares, hospitales, la municipalidad, la cárcel, parques) como sus parroquias. Entienden que cada persona en la ciudad es un miembro del rebaño que les ha sido confiado, aun cuando la mayor parte del rebaño no está dentro del redil. Además, estos pastores ven con mayor claridad que, como el pastor en la parábola de la oveja perdida, necesitan priorizar a los perdidos sobre los encontrados (sin desatender a estos últimos).

Se le preguntó el tamaño de su congregación a Cacho Castels, un pastor en San Nicolás, Argentina. Él respondió: "Pastoreamos a ciento treinta mil personas. Algunas son prostitutas, otros homosexuales. La mayoría de ellos mienten y hacen trampa, pero todos están bajo nuestro cuidado". Se refería, claro, a la población de la ciudad entera que él y sus pastores colegas han llegado a ver como su rebaño. Cuando se percataron de esto por primera vez durante el proyecto de una semana de duración descripto en el capítulo 1, los pastores de San Nicolás se postraron delante de Dios y renunciaron a la miopía espiritual y al egocentrismo que había causado que desatendieran a los miembros más necesitados que les había confiado Jesús. Se dirigieron entonces a siete de los principales funcionarios de gobierno para pedirles perdón por haberlos desatendido. Visitaron al intendente, al jefe de policía, al obispo católico, al editor del diario principal de la ciudad, al director de salud pública y a los dueños de la radio local y del canal de televisión.

¿Cuáles fueron las reacciones de estos líderes al enterarse de su jurisdicción espiritual sobre ellos? El intendente les pidió que orasen por él con regularidad. El jefe de policía solicitó permiso para mandar oficiales de policía para que orasen por ellos. El editor del diario imprimió, al costo, la literatura que se necesitaba para visitar a cada casa de la ciudad con una invitación a la feria de oración. Los dueños de la radio y la televisión invitaron a los pastores a participar de programas en vivo para orar por las personas de la ciudad. El director de salud pública designó a dos pastores para el consejo de salud pública para orar por los doctores y por los enfermos cuando los médicos no pudieran sanarlos. La respuesta más drástica de todas provino del obispo católico, que humildemente les pidió a los pastores que oraran para que él predicara la palabra de Dios cada vez que hablara a los peregrinos que viniesen a visitar el santuario (cerca de un millón de personas por año).

Lo mejor de todo fue que miles de personas asistieron a la feria de oración que se realizó el sábado de esa semana, que hizo historia. Se oró personalmente por la mayoría de las personas, y varios cientos de personas recibieron al Señor. ¿Difícil de creer? Quizás, pero absolutamente real. Jesús sabía bien lo que decía cuando nos dijo que cuidáramos de sus corderos hambrientos.

¿Quién más está a bordo?

Comprender que nuestro enfoque principal debe ser la ciudad con sus multitudes de personas perdidas tiene dos afectos saludables y poderosos. El primero es un mayor ímpetu hacia la unidad. Cuando los pastores comprenden que están llamados a pastorear a la ciudad entera en vez de a una sola congregación, la pregunta que podrían hacer de inmediato es: "¿Quién más está a bordo?" Al percatarse de que no pueden pastorear el rebaño del Señor por sí solos, ¡la necesidad de unidad en la iglesia se hace imperiosa e inevitable!

El segundo efecto es una comprensión más sana de la jurisdicción pastoral. Cuando de pastorear una iglesia se trata, sabemos que Dios ha dado autoridad a los líderes y los recursos necesarios para llevar a cabo las tareas que les han encomendado. Desafortunadamente, si los pastores no comprenden que su jurisdicción se extiende más allá de la congregación, hacia la ciudad, terminan por creer que la ciudad está fuera de su alcance, y se instala un sentir de impotencia espiritual, y pasan a ser presa fácil para el desánimo o inclusive la depresión.

> ***Cuando los pastores comprenden que están llamados a pastorear la ciudad entera, ¡La necesidad de unidad en la iglesia se hace imperiosa e inevitable!***

Esto sucedió con Elías inmediatamente después de su tremenda victoria sobre los profetas de Baal (véase 1 Reyes 18:24-38), huyó atemorizado de una mujer, Jezabel, y se desanimó, ¡aunque era alimentado por ángeles! (véase 1 Reyes 19:4-8). Elías estaba tan deprimido que se escondió en una cueva y no podía comprender la lección que Dios le estaba enseñando a través de un despliegue espectacular de las fuerzas de la naturaleza. ¿Por qué no? Porque llegó a la conclusión errónea de que era el único profeta que quedaba.

Dios tenía dos lecciones para Elías: Primero, que no estaba solo; habían siete mil más acerca de los que él no sabía. Segundo, el señorío de Dios es extensivo a todos, aun a los que se encuentran fuera del círculo de creyentes. Para enfatizar este punto, Dios le encomendó a Elías ungir a tres líderes: Hazael, como rey de Siria; Jehú, como rey de Israel; y Eliseo, como su reemplazo como profeta nacional. Dios le aseguró a Elías que estos tres hombres terminarían la tarea que tanto lo abrumaba. ¡Me resulta fascinante que dos de estos ungidos eran personas malvadas!

Cuando Elías comprendió que tenía la jurisdicción, entendió que también contaba con las herramientas (autoridad y unción) para ocuparse de la situación. Cuando los pastores comprenden que la ciudad está bajo la autoridad que les fue conferida, pueden ver a la ciudad con positivismo y confianza.

La misericordia es más fácil de comprender que la gracia

Al comprender más y más que su principal llamado es al rebaño y que sus actividades en el redil deben fluir a partir de ese llamado, los pastores comenzarán a generar actos tangibles de misericordia para demostrarles a los corderos más vulnerables, los perdidos, que verdaderamente son importantes para nosotros. La misericordia es la clave para alcanzar a los perdidos porque a causa de su naturaleza tangible es algo que los no creyentes pueden comprender mejor, más rápida y fácilmente de lo que podrían comprender la gracia.

La National Association of Women, NOW por sus siglas en inglés [La Asociación Nacional de Mujeres] es una de las organizaciones más liberales y anticristianas de la capital de Estados Unidos, con un sólido historial como fuerte opositora de cualquier acción o emprendimiento que reciba el respaldo de cristianos comprometidos. Recuerdo que durante la reunión Stand in the Gap [Parados en la brecha] de los Promise Keepers [Guardadores de promesas] en Washington, DC, en 1998, la presidente de NOW, Patricia Ireland estaba muy activa, brindando entrevistas furiosas para expresar su oposición e indignación respecto a los hombres (éramos más de un millón) que oraban en el centro comercial.

Sin embargo, cuando la Madre Teresa habló a las mujeres de NOW en Washington, se pusieron de pie para ovacionarla y recibió excelentes críticas en los medios. Predicó el mismo mensaje que predican representantes cristianos todos los días. ¿Por qué entonces ovacionaron de pie a la Madre Teresa? Yo supongo que es porque el mensaje de la Madre Teresa se hallaba revestido de misericordia. Ella les habló con un telón de fondo de actos de misericordia dirigidas a personas que estaban fuera de su redil. Por otra parte, mucho de lo que la mayoría de los líderes cristianos de la nación dicen, aunque tenga mucho sentido teológico, no significa nada para las ovejas perdidas. Los perdidos los ven venir, balanceando un cayado, e inmediatamente presienten que los están por castigar.

Si les habláramos a las ovejas perdidas con el mismo amor, la misma aceptación y consuelo que les damos a aquellos que están dentro del redil, los perdidos aceptarían nuestro abrazo ávidamente y de buena gana.

Paradigma 9:
Es posible cambiar el clima espiritual de una ciudad

> Exhorto ante todo, a que se hagan rogativas, oraciones, peticiones y acciones de gracias, por todos los hombres; por los reyes y por todos los que están en eminencia, para que vivamos quieta y reposadamente en toda piedad y honestidad. Porque esto es bueno y agradable delante de Dios nuestro Salvador (1 Timoteo 2:1-3).

Desarrollé la base bíblica para este paradigma en el capítulo 3, y describí la estrategia para lograrlo. Por lo tanto, no seré reiterativo salvo para decir que el objetivo imperioso y urgente en cada iniciativa para alcanzar ciudades debe ser cambiar el clima espiritual de nuestras ciudades. Este objetivo debe estar presente en todo momento, o dejaremos de alcanzar el plan de Dios para nuestra misión.

Bajo el paradigma 3, presenté una definición de cuatro niveles en los que debemos alcanzar una ciudad para Cristo. Cambiar el clima corresponde al nivel 3. Una vez que se ha alcanzado este nivel, el cambio de clima resultante prepara la escena para la transformación, que es la principal característica del nivel 4: El reino de Dios está en evidencia en toda la ciudad. Cambiar el clima de una ciudad es el prerrequisito para transformar esa ciudad. No existe sustituto.

Enfoquémonos en el rol de crucial importancia que tiene la comunicación en la estrategia para el cambio de clima espiritual. Para ponerlo en perspectiva, debemos rever lo que Dios ha hecho en esta última década de manera continua en lo que he llamado *unidad-misión-comunicación*.

La unidad debe tener misión

Dios ahora está unificando a pastores en las ciudades de todo el mundo. Esta tendencia es irreversible; la falta de unidad ya se está despidiendo de la escena. Una vez que el diablo entendió que no nos podía mantener separados, adoptó una estrategia alternativa: alentar la unidad sin misión. La unidad sin misión significa que los pastores no tienen más motivo en la agenda que el de reunirse. Demasiadas veces en estos últimos años, el no tener una agenda concreta ha sido entendido como la máxima expresión de espiritualidad. La importancia que se le dio al reunirse sin una agenda pasó a ser una agenda en sí misma, y en algunos lugares, llegó a distraer de lo que Dios estaba haciendo con los pastores.

Muy felizmente, esto se está corrigiendo. Cada vez más, los grupos de pastores declaran que la unidad sin misión no es suficiente; y que la misión a perseguir es el cumplimiento de la Gran Comisión en nuestra generación, comenzando con la ciudad. Me animo a decir que esta batalla, aunque no haya sida ganada todavía, está cada vez más cerca de su resolución.

¿Entonces, a qué se dedica el diablo ahora? Trata de engañar a los pastores para que lleven a cabo la nueva misión que han abrazado individualmente, en lugar de tener un proyecto unido y coordinado. Aquí donde tenemos una batalla hoy en día.

Juntos y unánimes

Ahora que el evangelismo de oración y los faros de oración han sido aceptados por la iglesia, y los pastores se han familiarizado con el concepto, es preciso que lo lleven adelante juntos. Los pastores de una ciudad pueden estar unánimes en cuanto a la unidad y la misión, pero si no trabajan juntos en un esfuerzo coordinado, lo que obtendrán será una implementación irregular, en un nivel de eficiencia mucho menor del que Dios desea.

El día de Pentecostés los discípulos estaban juntos y unánimes (véase Hechos 2:1). Una vez más, estas son situaciones complementarias pero diferentes. La palabra "unánimes" se refiere a un consenso, a estar de acuerdo, mientras que "juntos" habla de la proximidad física. Es posible estar unánimes o de acuerdo sin estar físicamente juntos; pero es imposible realizar algo juntos sin estar físicamente presentes. Esta es la última frontera a trasponer. La iglesia en la ciudad que está caminando en unidad necesita trabajar junta. Para esto, hemos visto que la estrategia de una semana de duración en la que se utiliza la radio resulta ser la más aprovechable porque transmite a los creyentes en toda la ciudad un sentir de unidad y misión como la que han cultivado los pastores en las reuniones de pastores. Esta estrategia también sirve para establecer puestos de avanzada de amor y preocupación por los perdidos en toda la ciudad. Hasta tanto se encuentre y se demuestre una mejor estrategia, recomiendo fuertemente que se utilice este modelo.

Problemas en el planeta tierra

Es por esto que necesitamos comprender un principio bíblico que se relaciona con la comunicación como se nos revela en Génesis 11. Este es un pasaje muy interesante que muestra que Dios ve la posibilidad de que hombres impíos logren un nivel de poder tal que sean capaces de ser una amenaza a sus planes. Esto queda reflejado en su afirmación: "Este es sólo el comienzo de sus obras, y todo lo que se propongan lo podrán lograr" (Génesis 11:6, NVI). Esta es verdaderamente una certificación de un extraordinario potencial, ya que proviene de aquel que posee potencial ilimitado. ¿Entonces quiénes eran esos hombres y qué estaban haciendo?

Eran los descendientes de Noé que se establecieron en la llanura de Sinar e hicieron pacto para hacer cuatro cosas juntos: (1) construir una ciudad, (2) levantar una torre que llegara al cielo, (3) hacerse un nombre y (4) *no* ir a los confines de la tierra (véase Génesis 11:1-4). Estos cuatro objetivos, inofensivos como pueden parecer en la superficie, esconden un diseño diabólico, ya que son lo opuesto a las intenciones que Dios tiene para nosotros:

1. No hemos de construir una ciudad por nuestra propia iniciativa, sino esperar la ciudad cuyo arquitecto y constructor es Dios (véase Hebreos 11:10).
2. No tenemos ninguna necesidad de tratar de llegar hasta el cielo porque lo mejor del cielo descendió para alcanzarnos a nosotros (véase Juan 3:16).
3. No necesitamos ser conocidos por nuestros propios nombres porque no hay otro nombre más grande que el nombre de Jesús, Señor de todos (véase Hechos 4:12).
4. Se nos manda ir a los confines de la tierra (Mateo 28:19, 20).

A causa de su cuádruple oposición a la voluntad de Dios, podemos discernir con facilidad las maquinaciones de Satanás entre los hombres de Sinar.

Ahora, tratemos de descubrir por qué resultaban una tan grande amenaza. ¿Qué estaban haciendo? No estaban construyendo bombas nucleares ni desarrollando armas químicas. Estaban cociendo ladrillos y uniéndolos con asfalto. ¿Entonces que provocó que la Trinidad interviniera, para que no se hicieran imparables? La respuesta es la evaluación de las personas:

> Todos forman un solo pueblo y hablan un solo idioma; esto es solo el comienzo de sus obras, *y todo lo que se propongan lo podrán lograr* (Génesis11:6, NVI; énfasis del autor).

Dios enumera aquí tres factores que, combinados, tienen el potencial de hacer que estos hombres resulten imparables:

1 Una *meta* imperiosa y unificadora: "Esto es solo el comienzo de sus obras" (Esto es lo que han comenzado a hacer). No estaban construyendo paredes en sus ratos libres, estaban construyendo una ciudad. Y para lograrlo, se habían asentado y habían acordado habitar juntos.
2 Tenían *unidad*: "Son un solo pueblo".
3 Tenían *comunicación*: "Hablan un solo idioma".

Fórmula imparable

Dios estaba diciendo que cuando un grupo de personas tiene un propósito imperioso, unidad y comunicación, *nada los puede detener*. Esta no es la expresión de un evangelista entusiasmado; ¡esta evaluación la hace Dios! Este es un asunto muy serio e importante que merece mayor análisis. No se trataba de lo que estaban haciendo sino de *cómo* lo estaban haciendo (la combinación de propósito, unidad y comunicación) que produjo un potencial ilimitado.
Consideremos las implicaciones de esto en los proyectos para alcanzar ciudades. Si Dios Todopoderoso de alguna manera se preocupa cuando un grupo de desesperados, tapados de barro y alquitrán, aprovechan estos tres componentes, ¡cuánto más se verá

amenazado Satanás y el infierno mismo ante la perspectiva de que los pastores hagan lo mismo para alcanzar a sus ciudades!
Recordemos:

Propósito + Unidad + Comunicación = Potencial ilimitado

¿Cuál de estos tres componentes eligió Dios para invalidar a los hombres de Sinar? ¡La comunicación! ¿Por qué? Porque si se quiebra la comunicación, los otros dos componentes pronto se disolverán: es por este motivo que debemos llevar la iniciativa de alcanzar ciudades más allá de la unidad y la misión hacia la *comunicación*. Para esto, es necesario que los pastores habiten juntos ya que la comunicación sustentable depende de esto.
A un nivel práctico, esto es lo que logra el proyecto de evangelismo de oración de una semana de duración. El servicio unificado para toda la ciudad el domingo, las tres transmisiones radiales y la feria de oración del sábado utilizan la unidad programática para comunicar un objetivo imperioso a la iglesia entera en la ciudad. En el capítulo 9, veremos unas sugerencias específicas para realizarlo. Mientras tanto, diremos solamente que este proyecto de una semana debe siempre ser la culminación y no el comienzo del proyecto. Los siguientes son algunos de los componentes clave que deben preceder al proyecto de una semana:

- Reuniones semanales de oración e intercesión de pastores y ancianos de la ciudad (si las reuniones no son semanales no se logrará el criterio de unión)
- Reconciliación y restitución a través del "arrepentimiento identificatorio"
- Intercambio de púlpitos
- Celebraciones de unidad
- Programas de radio semanales dedicados al evangelismo de oración
- Reuniones de la juventud y los intercesores

Estas actividades tienen el potencial de contribuir tanto a la fundación como al enfoque de un proceso que tiene como propósito cambiar el clima espiritual de la ciudad y finalmente de la región.

La ciudad pequeña que tocó a un estado grande

En abril de 1999, un grupo de pastores en State College, Pennsylvania, dirigidos por Dan Nold, Paul Grabill, Mitch Smith y Sheng Tung Wu, decidieron aventurarse y lanzaron una iniciativa para alcanzar su ciudad. Al comienzo no se veía algo prometedor, más que nada al considerar lo pequeño que era el grupo de pastores dispuestos a participar. No obstante, sintiendo que esto era de Dios, invitaron a una City Reachers School [Escuela para alcanzar ciudades] en combinación con un lanzamiento por radio para levantar faros de oración. Tampoco esto constituía una posibilidad firme porque la estación de radio local no estaba del todo convencida de que debiera participar. Seis semanas previas al evento, Jack Serra de Evangelismo de Cosecha y los pastores de State College acordaron una reunión a nivel de estado para líderes que estuvieran interesados en alcanzar ciudades, y asistieron 320 personas. Más importante aún, Dios asistió y todos regresaron a casa convencidos de que esta iniciativa provenía de Dios.

El próximo paso fue llamar a la intercesión. Entró en escena Barbara Knight. Ella organizó oración en el aire, en el agua y en tierra. Veintitrés aviones con intercesores a bordo volaron sobre el estado cubriendo a Pennsylvania con oración. Acciones similares se llevaron a cabo utilizando barcos y automóviles. Pronto se había orado por el estado entero in situ.

Cuando llegó el momento de pre-grabar la transmisión radial, algo que nos había pedido la estación de radio para que sus directivos pudieran evaluar y aprobar el programa, Dios subió la apuesta inicial espectacularmente. Mientras estábamos grabando los programas, el gerente de la estación, Mark Vanouse, fue profundamente tocado y sugirió que permitamos que las grabaciones estuvieran disponibles para otras estaciones del estado. Esta respuesta era más que extraordinaria. Veintidós estaciones de radio se unieron y establecieron una red informal que cubrió el estado entero de Pennsylvania. Además de esto, Connerstone TV proveyó tres transmisiones de una hora programadas para los mismos días que las transmisiones de radio, logrando un doble golpe mediático. Y por último, casi mil líderes asistieron a la Escuela para alcanzar ciudades, tantos que hubo que trasladar la reunión desde el edificio de una iglesia a un salón secular.

El resultado fue una mejoría del clima espiritual en el estado ¡y renovada fe y visión para alcanzar ciudades y pueblos para Cristo ahora! Provocó un avivamiento en la juventud y puso los fundamentos para Light the Nation [Enciende la nación], una importante transmisión que seis meses más tarde ayudó en lanzar faros de oración en los cincuenta estados.

Hoy en día, están apareciendo iniciativas de evangelismo de oración por todo el país; pero ninguna de ellas estaba en el radar hasta que los pastores de State College decidieron abrirse hacia el estado. Lo que hicieron constituyó un poderoso acto profético. Eso, juntamente con el ímpetu proveniente de los cambios de paradigma que ya estaban activados, ayudaron a hacer que el movimiento nacional para alcanzar ciudades resultara inevitable.

Sí, es posible cambiar el clima espiritual sobre una ciudad y una región. El desafío radica entonces en sostener ese clima, trataremos ese tema más adelante. Mientras tanto, ¡adelante! Naveguemos con la ola. ¡Es poderosa!

CAPÍTULO 7

PARADIGMAS EMERGENTES

El alba nunca llega repentinamente sino que emerge pausada y gradualmente, y su trayecto es irreversible. Ocurre lo mismo con estos paradigmas emergentes.

Tomemos un momento para conectar en un solo párrafo los nueve paradigmas que hemos desarrollado de modo que nos permita visualizar e l tremendo potencial que contienen para nuestra ciudad.

Visualicemos a la iglesia de la ciudad unida y totalmente persuadida de que se puede y se debe alcanzar la ciudad para Cristo ahora, que moviliza a sus miembros para realizar evangelismo de oración, en una estructura sin divisiones, lo que es consecuencia del "arrepentimiento identificatorio". Imaginemos que se llevan a cabo reuniones de iglesia por toda la ciudad y que se elevan oraciones públicas por todos los hombres porque los pastores ya no se limitan al cuidado del redil, sino que están llevando a sus feligreses a enfocarse en el rebaño en general, la ciudad. Como resultado, el clima espiritual de la ciudad se está transformado en un clima de piedad. La verdad que reflejan estos nueve paradigmas ya no precisa discusión; la iglesia avanza en su transformación a través de estos cambios de formas de ministrar. Los siguientes cuatro paradigmas ya se encuentran en el umbral y están avanzando sobre nuestras conciencias. El alba nunca llega repentinamente sino que emerge pausada y gradualmente, y su trayecto es irreversible. Ocurre lo mismo con estos paradigmas emergentes.

Paradigma 10:
La intercesión es un don espiritual, pero también es algo que todos los cristianos deben hacer

> Orando en todo tiempo con toda oración y súplica en el Espíritu, y velando en ello con toda perseverancia y súplica por todos los santos (Efesios 6:18).

La intercesión es un don espiritual poderoso y muy necesario; pero nuestra tendencia en el pasado fue considerar a los intercesores como personas un tanto misteriosas, un enigma para los demás. A medida que su rol ha recibido mayor reconocimiento, hemos colocado a estos guerreros de oración en una categoría exclusiva e imposible de imitar. Es indudable que poseen un don único; pero si nos detenemos allí limitaremos la práctica de la intercesión a unos pocos selectos cuando, en realidad, es algo en lo que cada creyente debería participar, más allá de que tenga o no un don en esa área.

En 1 Timoteo 2:1-8, se instruye a la iglesia *entera* a orar por todos, en todo lugar. En 1 Tesalonicenses 5:17, se nos manda "orar sin cesar". En Efesios 6:18, se les dice a todos los santos que oren en todo tiempo:

> Orando en *todo* tiempo con *toda* oración y súplica en el Espíritu, y velando en ello con *toda* perseverancia y súplica por *todos* los santos (énfasis del autor).

Esta instrucción que todo lo abarca nos indica que la oración no debería ser un condimento, sino el plato fuerte en la dieta de la iglesia. Aunque existen diferentes niveles y alcances en la intercesión, ¡todos estamos llamados a interceder *en todo tiempo*!

¿Por qué resulta importante comprender que *todos* podemos y debemos interceder? Porque si hemos llegado hasta acá solo con unos pocos intercesores, pensemos cuánto más lejos (y rápido) llegaremos cuando *todos* intercedamos. La intercesión es la partera que trae a luz a los bebés de la iglesia. Todo suceso extraordinario que ha acontecido en los últimos diez años nació en un contexto acompañado de intercesión.

Cindy Jacobs es la intercesora de mayor nivel que hayamos conocido mi esposa Ruth y yo, Doris Wagner la trajo a Cindy a la Argentina al comienzo del proyecto de 1990 en Resistencia. Un par de meses más tarde, Cindy y Doris dirigieron la intercesión por la Nación en la Plaza de Mayo, en el centro de Buenos Aires. Emitimos un llamado a los intercesores a nivel nacional, y apareció un puñado de unas cincuenta personas. Bajo la dirección de Cindy, hicieron un trabajo maravilloso, orando por cada edificio de gobierno que rodea la plaza. Hicieron "arrepentimiento identificatorio" y realizaron algunos actos proféticos. Pero eran un grupo pequeño todavía.

En noviembre de 1999, durante una reunión de intercesión de dos horas que fue televisada, miles de intercesores se congregaron para orar en la misma plaza y muchos más por toda la nación. Como dice el refrán secular: "¡Llegaste lejos, baby!"

La intercesión se establece

Desde 1990, la intercesión se ha convertido en parte integral de la vida de la iglesia, tan es así que tener intercesores orando "in situ" ya se considera parte indispensable de las actividades de la iglesia. El reciente libro de George Otis, Jr. *Informed Intercesión* [Intercesión informada] ha llevado la dimensión estratégica de la intercesión a nuevas alturas. Hoy en día, muy pocas personas en la iglesia pensarían en encarar alguna iniciativa importante sin tener asegurado un escudo de oración. Bill Bright lo hace con sus reuniones de ayuno y oración. Promise Keepers [Guardadores de Promesas] tienen una persona como director de oración de tiempo completo que recibe un sueldo por su trabajo, y cuya principal tarea es orar en las oficinas principales y coordinar la intercesión en todas las actividades. Nuestro yerno, Gary Arneson, cumplió ese rol por un tiempo y nos ha comentado cuánto depende el coach Bill McCartney de la oración intercesora.

Hasta hace poco, se consideraba la intercesión como trabajo de unas pocas personas muy perceptivas y con grandes dones. Esto ahora está evolucionando hacia la creencia general de que la intercesión es algo que todos deberían hacer. Yo mismo pasé por esta transición después de leer el libro de Peter Wagner *Prayer Shield* [Escudo de oración]. Mi esposa, Ruth, es intercesora, pero ambos vimos la necesidad de una mayor cobertura de intercesión por nuestra familia y nuestro ministerio. Pronto Dios llevó a Ted y Sandra Hahs a pactar con nosotros para que nos proveyeran nuestro escudo de oración. Ted estuvo en Resistencia con nosotros en 1990 cuando se alcanzó esa ciudad. Más tarde se casó con Sandra, una bailarina del Ballet Nacional de Portugal. Ambos son lo que Wagner llama intercesores "I-1", del mayor nivel.

Cuando Ted y Sandra comenzaron a acompañarnos en los viajes de ministración, me impactó su dedicación a la oración. Oraban durante horas, ayunaban durante días y se quedaban toda la noche intercediendo en oración. Después de un tiempo, encontré que mi vida de oración se estaba expandiendo; ¡me sorprendí de lo fácil que me resultaba orar durante dos, tres y hasta cuatro horas! Descubrí en mí una dimensión intercesora que desconocía poseer. Al poco tiempo decidimos alquilar un espacio mayor para establecer una capilla de intercesión en las oficinas de Evangelismo de Cosecha, y se redefinieron las tareas específicas de todos. Ahora cada miembro de nuestro personal está registrado como un intercesor que casualmente realiza un determinado trabajo.

¿Niños intercesores?

Quizás el acontecimiento más espectacular con respecto a la oración en los años recientes haya sido el surgimiento de niños intercesores. Son niños que escuchan de Dios, ven ángeles, reciben palabras del Espíritu Santo e imponen las manos sobre los enfermos y los ven sanar. Durante nuestra conferencia de otoño en Argentina para el

Instituto Internacional de Evangelismo de Oración (IIPE de acuerdo a su sigla en inglés), llevamos participantes para que vivieran la experiencia de estar en reuniones de iglesia conducidas por niños de tres a once años. Estos pequeños iniciaban la reunión, dirigían la alabanza, predicaban e intercedían poderosamente. También han guiado a la congregación en una expedición de oración a través del vecindario y organizaron una mini feria de oración para interceder por las necesidades de los perdidos.

Enfocarse en las flechas, no en la aljaba

¿Por qué deben interceder los niños? ¿Por qué no? Pablo exhorta a todos los santos a orar (véase Efesios 6:18) y los niños también son santos. En el Salmo 127 se trata el asunto de alcanzar ciudades, se nos dice que la casa (el hogar) la construye y la ciudad la protege el Señor que "da a su amado aun mientras duerme" (v. 2; Nueva Biblia de los Hispanos, NBLH), refiriéndose a la provisión de Dios para que la casa y la ciudad estén seguras. ¿Cuál es la provisión de Dios? La respuesta se encuentra en el siguiente versículo: "Un don del Señor son los hijos" (v. 3; NBLH). Es importante no perder la conexión entre estos dos versículos porque nos muestra que Dios nos da niños para ayudarnos a construir la casa y proteger a la ciudad. Este es un paradigma bastante nuevo, ya que en la iglesia nunca se han considerado a los niños como colaboradores, mucho menos como colaboradores importantes para alcanzar ciudades. Pero esto es lo que dice:

> Como flechas en la mano del guerrero, así son los hijos tenidos en la juventud. Bienaventurado el hombre que de ellos tiene llena su aljaba (Salmo 127:4, 5; NBLH).

Hasta ahora hemos considerado a los niños como seres débiles y necesitados, y hemos dirigido nuestros esfuerzos a protegerlos en lugar de reclutarlos. Pero en este pasaje los niños se presentan como armas en nuestras manos, preparados para la guerra, listos para causarle daño al adversario. Esto significa que debemos dejar de proteger las flechas de nuestra aljaba y, en lugar de eso, sacarlas y apuntarlas contra el enemigo.

> ***Debemos dejar de proteger las fleches de nuestra aljaba y, en lugar de eso, sacarlas y apuntarlas contra el enemigo.***

Cualquier soldado con funciones de arquero, que tenga por objetivo proteger las flechas de su aljaba terminará lastimado y sus saetas acabarán desparramadas por ahí. Desafortunadamente, esto es exactamente lo que hemos hecho con los niños en lo que concierne al ministerio. Ya es hora de que la iglesia aproveche este recurso para ministrar. Entonces el hombre "no será avergonzado cuando hablare con los enemigos en la puerta" (Salmo 127:5).

El guerrero y sus hijos estarán unidos en batalla contra el enemigo. Observemos que ni la casa ni la ciudad permanecen bajo amenaza porque ellos están frenando al enemigo en la puerta. ¿Cuál puerta? La puerta de la ciudad, porque es hasta allí que pueden lanzar las flechas. Aquí hay cinco motivos por los que los niños pueden ser intercesores *superiores*:

1. Ellos ven a Dios porque son puros de corazón (véase Mateo 5:8).
2. Ellos tienen ángeles asignados, por lo que están familiarizados con el ministerio angelical. Muchos niños han visto ángeles, mientras que la mayoría de los adultos desconocen que los ángeles *deben* estar alrededor de ellos (véase Mateo 18:3-5).
3. Ellos le creen a Dios cuando les habla. La mayoría de los adultos creen *en* Dios pero no le creen a Él cuando les habla (véase Mateo 18:3-5).
4. Ellos representan un blanco mucho más difícil para el acusador de los hermanos. Si se trata de acusarme a mí, el diablo tiene una biblioteca llena de archivos de donde sacar

información. Cuando se trata de mis nietos, ¿de qué cosa los puede acusar? ¿De no lavarse bien los dientes o de derramar la leche? ¡Su pureza los convierte en flechas imparables! (véase 1 Corintios 14:20).

5. Los niños sienten una atracción natural por Cristo (véase Marcos 10:15).

Los niños son intercesores natos, y es mucho mejor soltarlos mientras son niños, para que puedan desarrollar un estilo de vida de intercesión. Yo creo que Dios está lanzando a los niños hacia la intercesión para convencernos a nosotros, los adultos, de que la intercesión es algo que todos debemos hacer.

La necesidad de reconciliación

Al comienzo de la década de 1990 cuando la intercesión comenzaba a surgir en América, nada importante sucedía en el área de la bahía de San Francisco. Conversamos con los pastores y nos mencionaron sobre aquello que ellos notaban que funcionaban mal entre los intercesores: matrimonios débiles, familias disfuncionales, inestabilidad emocional y profecías "endulzadas" (esto significa que nunca les decían nada negativo a aquellos a los que ministraban). Luego conversamos con los intercesores y ellos nos comentaron lo lastimados y despreciados que habían sido por los pastores. Nos dimos cuenta muy pronto de que no se lograría demasiado hasta no reparar esta brecha. Esto nos llevó a organizar "Un día para intercesores", un encuentro que se realizó en el norte, sur, este y oeste de la bahía. Se invitó a participar a pastores e intercesores.

Iniciamos la reunión con una perspectiva bíblica acerca de la intercesión y con una encuesta con respecto al campo minado ministerial que debía desactivarse. Le hicimos notar a los intercesores que cada mina era un exceso o un error de su parte, a partir del que los pastores habían presentado su queja. Les explicamos a los pastores que los temas que habían utilizado para descalificar a los intercesores eran justamente los que los habían convertido en intercesores, en primer lugar. Los problemas domésticos o los traumas de la infancia habían hecho que, en su desesperación, se acercaran a Dios , y que ahora estaban aprendiendo a superar esas heridas a través de la intercesión. También resultó de ayuda para los pastores saber que lo que algunos consideraban palabras "endulzadas" constituían, en realidad, verdaderas palabras de afirmación. Les explicamos que los intercesores no deben sentir nada en contra de aquellos por los que interceden porque esto invalidaría su rol de intercesores (véase 1 Pedro 4:7-10). Luego les entregamos la reunión a los pastores e intercesores que hablaron de corazón a corazón, lo que condujo al arrepentimiento y a la reconciliación entre ambos grupos. Este poderoso encuentro culminó con la Santa Cena y luego los pastores comisionaron a los intercesores.

Intercesión en toda la bahía

La intercesión en la bahía ha seguido incrementándose. Susan Bagley fundó Revival Strategies Internacional [Estrategias para el avivamiento internacional] para orar por cada pastor en el área de la bahía. Pat Chen de First Love Ministries [Ministerios del primer amor] contribuye en gran manera a la cobertura de oración existente sobre el área al movilizar a los intercesores. Lillian Poon estableció la Casa internacional de oración (IHOP, de acuerdo a su sigla en inglés) en el sur de la bahía. Valley Christian School, el colegio cristiano más grande del Condado de Santa Clara, ha incorporado la intercesión a su rutina diaria. ¡Ellos podrían dar un curso sobre evangelismo de oración!

En el área de la bahía ya no se cuestiona la validez de la intercesión, ni tampoco se limita a unos pocos intercesores. Yo sostengo que si no existe un fuerte escudo de oración sobre nuestra ciudad o región, deberíamos comenzar por procurar la reconciliación entre pastores e intercesores. Esto pronto traerá como resultado la propagación de la intercesión. ¡Imaginémonos cuánto mejor estaría todo si los santos de nuestra región oraran juntos en todo tiempo!

Paradigma 11:
El martirio es una posibilidad latente para todos los cristianos

> Y ellos le han vencido por medio de la sangre del Cordero y de la palabra del testimonio de ellos, y menospreciaron sus vidas hasta la muerte (Apocalipsis 12:11).

Dado que nuestra lucha es contra el diablo y sus huestes de maldad (véase Efesios 6:10-18), es de suma importancia que sepamos *cómo* derrotarlo. Apocalipsis 12:11 describe la fórmula, que consta de tres partes: la sangre del Cordero, la palabra de nuestro testimonio y nuestra disposición a morir por lo que creemos. Estos tres componentes deben estar presentes en ese orden para que haya victoria.

No tenemos ninguna dificultad en acceder a la sangre de Jesús, dado que Él la derramó de una vez y para siempre en la cruz. Proclamar la palabra de nuestro testimonio es algo que estamos aprendiendo a hacer con mayor valentía. El verdadero desafío se encuentra en el tercer componente, ya que supone la posibilidad de la muerte, nuestra muerte.

Todos tenemos una natural renuencia cuando se trata del asunto de la muerte. Cuando la muerte se contempla como el resultado de una batalla, la posibilidad se vuelve aún menos atractiva, ya que a la fealdad con la que tradicionalmente asociamos la muerte, ahora tiene el agregado de la perspectiva de dolor y sufrimiento. Sin embargo, si no incluimos este tercer componente, si no estamos dispuestos a morir por el Señor, la fórmula no funcionará. Esto nos lleva al asunto del martirio.

Una posibilidad latente para todos

Si el martirio es un don espiritual, es un don que puede ejercitarse una única vez ¡porque ni bien lo hacemos estamos muertos! Sin embargo, nuestras actitudes con respecto al martirio están comenzando a cambiar. Las muertes atroces de varios adolescentes cristianos en recientes matanzas en los colegios de Estados Unidos han reforzado el mensaje de Apocalipsis 12:11 de una manera difícil de ignorar. Debemos vencer nuestro temor ante la muerte si hemos de derrotar a nuestro principal enemigo, Satanás.

El temor a la muerte es uno de los temores más paralizantes. Peor todavía, es un miedo esclavizante. En Hebreos 2:14, 15 se nos dice que el diablo mantiene cautivas a las personas a lo largo de toda su vida por medio del temor a la muerte, ¡es cadena perpetua! El enemigo sabe que en la medida que sigamos teniendo temor a la muerte, careceremos de la valentía necesaria para luchar con éxito contra las fuerzas del mal (véase Efesios 6:19, 20). Este temor hace que demos demasiado valor a nuestras vidas terrenales y nos impide ser eficaces guerreros espirituales.

Para que tengamos una idea de lo mucho que nos afecta este temor, consideremos lo siguiente: ¿Cuál es la pregunta más frecuente en relación a la gran tribulación y el anticristo? "¿Nosotros los cristianos tendremos que pasar por la tribulación? ¿Tendremos que enfrentarnos al anticristo?" Este temor ha producido enseñanzas distorsionadas y una teología insulsa que resulta inútil a la hora de enfrentar el dolor, la pobreza, el sufrimiento y las tribulaciones.

La muerte de un cristiano es preciosa

Los cristianos debemos comprender que morir por el Señor es una bendición: "Estimada es a los ojos de Jehová la muerte de sus santos" (Salmo 116:15). Tal muerte es valorada porque hace efectivo el momento en el que el Señor reemplaza nuestros tabernáculos destrozados por un hogar en la propiedad más valiosa, el cielo (véase 2 Corintios 5:1). Una vez que los cristianos comprendamos enteramente esta verdad, no permitiremos que el temor a la muerte nos controle. Podremos aceptar las dificultades y los sufrimientos que resulten necesarios con tal de ver el reino de Dios establecido en la tierra.

Es por esto que el cambio de paradigma que presenta al martirio como una posibilidad factible para *todos* los cristianos guarda tan grande promesa. Un soldado exitoso es aquel que sabe *cómo* pelear, está *dispuesto* a pelear y pelea *hasta el final*. Un soldado así es un guerrero superior, y un escuadrón de este tipo de comando espiritual da como resultado una formidable fuerza de combate.

Muramos de antemano, así no tendremos que morir después

Cuando una misión militar cuenta con menos del cincuenta por ciento de posibilidades de éxito, se la considera una misión suicida. Luego de explicar detalladamente los riesgos que implica, el oficial a cargo pide que los voluntarios den un paso al frente. Cuando un soldado lo hace, desde el momento en que apoya su pie, la muerte deja de ser un factor en la ecuación para él porque, emocionalmente, él ya murió al dar un paso al frente. A partir de ese momento es como si estuviera muerto y, consiguientemente, el temor a la muerte no lo distraerá ni lo preocupará más. Esta actitud puede jugarle a su favor, porque su enemigo sí está preocupado por salvar su propia vida. La falta de preocupación de parte del comando le brinda una decisiva ventaja y, la mayoría de veces, le permite volver de la misión suicida con vida.

¿Por qué es importante este paradigma? Porque la sangre de los mártires siempre produce una cosecha extraordinaria de almas, como se ha visto a través de la historia. Si el martirio de Esteban dio como resultado la tremenda expansión del cristianismo (véase Hechos 11:19-21), ¿cuánto más ocurrirá cuando cada persona de la iglesia esté dispuesta y aun deseosa de dar su vida por Jesús? La iglesia en el Tercer Mundo tiene mucho que ofrecer en este sentido. La persecución, las tribulaciones y las torturas han purificado y fortalecido la fe de sus miembros. Dios ha trasladado a muchas de estas personas a los Estados Unidos y a Europa Occidental. Ellos son ricos en fe. Conocen como cruzar el umbral que conduce a este nuevo paradigma. Cuando el resto de nosotros atravesemos ese mismo umbral, seremos una iglesia intrépida. ¡Nada hace que un ejército bien equipado sea más poderoso que la falta de temor!

Paradigma 12:
Todas las funciones de Efesios 4 necesitan restauración

> "Vivan de una manera digna del llamamiento que han recibido. El mismo constituyó a unos, apóstoles; a otros, profetas; a otros, evangelistas; a otros, pastores y maestros, a fin de capacitar al pueblo de Dios (Efesios 4:1, 11, 12; NVI).

Hay un creciente consenso respecto a que el ministerio profético necesitaba restauración y que esta restauración comenzó en la década del '80. Subsiguientemente, la década del '90 se convirtió en la década de la restauración del ministerio profético a la iglesia. Se han generado pensamientos, numerosos escritos y bastante diálogo respecto a las funciones de los apóstoles y los profetas en los últimos años y, como resultado, está surgiendo una mejor comprensión de lo que involucra la naturaleza y la función de esos dos ministerios, aun cuando en algunos círculos sigue habiendo controversia al respecto. C. Peter Wagner ha provisto, como suele hacerlo, liderazgo en esta área al crear foros en los que estos asuntos se abordan con inteligencia, sin prejuicios y, sobre todo, combinando conocimiento bíblico con amplia investigación sobre el tema. Sus libros *Churchquake* [Igleterremoto] y *Apostles of the City* [Apóstoles de la ciudad] son de lectura casi obligatoria sobre este tema.

Desafortunadamente, hemos supuesto que las otras funciones mencionadas en Efesios 4: Pastores, evangelistas y maestros, no precisan restauración, basándonos en la suposición de que lo que hoy tenemos (y hemos tenido por cientos de años) se ajusta a los estándares bíblicos. Sin embargo, un cuidadoso estudio de Efesios 4 presenta una situación diferente.

En la mente popular, un evangelista es una persona dotada de dones carismáticos y excelente capacidad de comunicación que llena estadios y predica a multitudes o que testifica con fidelidad y entusiasmo a los pecadores, ya sea en las estaciones de ómnibus o en las veredas.

Estas son expresiones válidas y muy necesarias del evangelismo. No obstante, un evangelista, de acuerdo con lo que describe Efesios 4, es alguien que capacita a los santos para que *los santos* realicen la obra del ministerio (de evangelismo). Esta persona debe ser alguien que forme a la iglesia para hacer la obra, no alguien que haga la obra *para* la iglesia.

De igual manera, un pastor no debería cuidar a los creyentes a expensas de ignorar a los perdidos hasta tanto se incorporen a su congregación. En lugar de esto, debe copastorear la ciudad junto con los demás pastores subalternos porque los perdidos son tanto su responsabilidad como lo son los santos. Para alcanzar a las multitudes perdidas, el pastor debe hacer que una de sus mayores prioridades sea capacitar a sus miembros para pastorear a las personas que se encuentran en su ámbito de influencia.

Del mismo modo, un maestro debe utilizar su conocimiento de la doctrina y de la historia para el crecimiento de los santos y para mostrarles cómo especializarse en lo más importantes, y no en lo que carece de valor. Sus enseñanzas y sus libros deberán siempre procurar proclamar la verdad en amor para ayudar a la iglesia a crecer en todos los aspectos en Cristo, "de quien *todo el cuerpo*, bien concertado y unido entre sí por todas las coyunturas que se ayudan mutuamente, según la actividad propia de cada miembro, recibe su crecimiento para ir edificándose en amor" (Efesios 4:16; énfasis del autor). Paul Cedar, Francis Schaeffer, James Dobson, Ted Haggard, Larry Jackson, Jay Swallow, Bill Bright, Francis Frangipane, Mark Pollard, Dick Eastman, Dave Bryant y muchos otros corresponden a esta categoría. Recibir de su enseñanza siempre produce una más profunda apreciación de la iglesia y su diversidad y un deseo más profundo de conocer más a Jesús y más acerca de Él.

Este cambio de paradigma es de crucial importancia porque hasta tanto no entendamos que las funciones de evangelista, pastor y maestro precisan una restauración a la altura de los sanos principios bíblicos, la estructura actual no podrá asimilar la cosecha de los últimos tiempos y, en consecuencia, no lograremos alcanzar nuestras ciudades. Esto se verá con más claridad cuando tratemos el siguiente paradigma emergente.

Paradigma 13: Amar a los perdidos es tan importante como amar a Dios

> *Amarás al Señor tu Dios con todo tu corazón, y con toda tu alma, y con toda tu mente.* Este es el primero y más grande mandamiento. Y el segundo es semejante: *Amarás a tu prójimo como a ti mismo.* De estos dos mandamientos depende toda la ley y los profetas (Mateo 22:37-40; énfasis del autor).

¿Alguna vez nos hemos preguntado por qué motivo los recientes chispazos de avivamiento alrededor del mundo han atraído a muchos santos pero a pocos pecadores? ¿No sería lógico esperar que los pecadores fueran atraídos a la presencia tangible de aquel que los ama y se entregó sí mismo para morir por ellos?

A los pecadores no les atraen esos encuentros porque nosotros, la iglesia, hemos abrazado un serio error: Que cuanto más nos acercamos a Dios, más lejos debemos mantenernos de los pecadores. Tenemos una idea distorsionada respecto al avivamiento que enfatiza nuestra relación con Dios a expensas de nuestra relación con los perdidos. *No existe ningún fundamento bíblico para esta postura.*

Una de las razones por las que es tan fácil sucumbir a esta dicotomía es porque suena muy piadoso amar a Dios y evitar a los pecadores. He preguntado a varias personas que tienen pasión por el avivamiento y que oran pidiéndolo o que ya lo están disfrutando, ¿cómo es el avivamiento? Su respuesta es casi siempre algo así: "La presencia y la gloria de Dios inunda nuestras almas; la alabanza y la adoración llenan los aires; la santidad oxigena nuestros espíritus". Yo pregunto: "¿Eso es todo?" "¿La gloria y la presencia de Dios, santidad, alabanza y adoración no son suficientes?", replican.

En realidad, no. Si lo único que queremos es la gloria y la presencia de Dios en una atmósfera de santidad, alabanza y adoración, ¡entonces deberíamos orar pidiendo un ataque al corazón, caernos muertos e irnos al cielo! Allí disfrutaremos de todas esas maravillosas manifestaciones inmediatamente y para siempre.

Esas majestuosas y maravillosas manifestaciones son muy importantes y del todo necesarias, pero constituyen solo la primera ola del avivamiento. Dios nos las obsequia para hacernos más parecidos a Jesús. Pero una vez que nos parecemos a Él, debemos buscar a aquellos a los que Él vino a buscar y a salvar. En consecuencia, la principal expresión del avivamiento debería ser el ver a las multitudes de pecadores viniendo a Jesús.

Son dos mandamientos

Es de extrema importancia comprender que no podemos decir que amamos a Dios, que no vemos, si no amamos a nuestro prójimo, al que vemos constantemente (véase 1 Juan 4:20). Estos dos amores y los mandamientos que los rigen no se pueden separar, ya que la fuente del amor que los nutre es el mismo: El amor de Dios. Amamos a Dios porque Él nos amó primero y colocó dentro de nosotros un depósito de amor para que lo usemos para amarlo a Él (véase 1 Juan 4:19). De la misma manera, somos incapaces de amar a nuestro prójimo como a nosotros mismos con nuestras propias fuerzas, pero el amor de Dios en nosotros nos permite hacerlo.

Cuando Jesús citó el mandamiento más grande, el de amar a Dios, se aseguró de presentarlo acompañado del segundo mandamiento más grande, el de amar a nuestro prójimo. Estos mandamientos están interconectados y se presentan como partes integrales el uno del otro. Jesús enseñó con mucha firmeza que debemos amar a Dios y amar a nuestro prójimo como a nosotros mismos.

Una respuesta del cien por ciento al evangelio

Yo investigaba este paradigma mientras trataba de entender una impactante aseveración que se encuentra en Lucas 16:16: "La ley y los profetas eran hasta Juan; desde entonces el reino de Dios es anunciado, y todos se esfuerzan por entrar en él". Jesús dijo que *todos* se *esforzaban* por entrar en el Reino. ¿Por qué será que hoy en día casi nadie quiere venir a la iglesia, mucho menos esforzarse por entrar en ella?

Al principio yo pensaba que era porque la iglesia predicaba la ley y los profetas en lugar del evangelio del reino de Dios. Esto sonaba inteligente e imaginativo, pero no era el caso, y el Señor muy pronto me reprendió. Me dijo que no golpeara a la ley y a los profetas, ya que cada vez que abría mi Biblia los estaba mirando. Además, Jesús no vino ni a destruir ni a abrogar ninguno de ellos sino para que ambos tuvieran cumplimiento.

Cuando le pregunté al Señor cuál era, entonces, el significado de Lucas 16:16, Él me mostró este cuadro estructural del versículo: La proclamación de la ley y de los profetas creó un fundamento, una plataforma sobre la que el evangelio del reino de Dios se predica. Este evangelio resulta tan atractivo que los que lo oyen se esfuerzan por entrar. Pero la clave para lograr esta respuesta no es el evangelio que se predica sino el fundamento sobre el que se lo hace, que es la ley y los profetas, porque todos aceptan y desean oír buenas noticias. Hoy en día, la iglesia predica las mismas buenas nuevas, el mismo evangelio, pero los perdidos no lo reciben. ¿Por qué? Porque la iglesia no utiliza el mismo fundamento que se describe en Lucas 16:16.

Luego de mostrarme el plano de la estructura de este pasaje, el Señor me dirigió a Mateo 22:34-40, en donde se desarrolla el tema de la ley y los profetas. Un maestro religioso le hizo una pregunta tendenciosa a Jesús para tenderle una trampa: "Maestro, ¿cuál es el gran mandamiento en la ley?" (véase el v. 36). Él quería que Jesús destacara un solo mandamiento. En lugar de esto, después de citar el más grande mandamiento, Jesús siguió diciendo, categóricamente: "El segundo es semejante: Amarás a tu prójimo como a ti mismo" (v. 39). Para enfatizar que estos mandamientos no pueden separarse el uno del otro, dijo: "De estos *dos* mandamientos depende *toda* la ley y los profetas" (v. 40, énfasis del autor). Por favor, no perdamos este punto principal que destaca Jesús: Para cumplir la ley y los profetas, es decir, el núcleo de las Escrituras, no es suficiente con amar a Dios. También debemos amar a nuestro prójimo como a nosotros mismos. La razón por la que las multitudes no responden al evangelio que predicamos es porque aunque amamos a Dios, no las amamos a ellas tanto como nos amamos a nosotros mismos, y eso contamina el mensaje.

La frustración de Jesús y el júbilo de Jesús

Existe un precedente bíblico a lo mencionado en el Evangelio de Lucas. En el capítulo 9, Jesús llegó a lo que quizás haya sido su punto emocional más bajo, y reprendió a sus discípulos: "¡Oh generación incrédula y perversa! ¿Hasta cuándo he de estar con vosotros, y os he de soportar? (v. 41). Esas palabras fuertes no estaban dirigidas ni a los fariseos ni a los escribas, ¡sino a sus propios apóstoles! Claramente, estaba muy disgustado y tentado con abrumador desánimo.

Pero poco tiempo después, en Lucas 10, Jesús alcanzó un pináculo de gozo: "En aquella misma hora Jesús se regocijó en el Espíritu" (v. 21). Este no era un gozo pequeño. ¡Él desbordaba de gozo! Qué contraste entre su júbilo aquí y la frustración que se veía en el capítulo anterior.

¿Qué fue lo que provocó que Jesús viviera emociones tan radicalmente diferentes? ¡Fue resultado de la guerra espiritual! Antes de esto, un demonio había vencido a sus discípulos (véase Lucas 9:40). Más tarde, sus discípulos vencieron a cada demonio que se les cruzaba, y aun el diablo cayó (Lucas 10:17, 18). Cuando el diablo venció a sus discípulos, Jesús se sintió desanimado; pero cuando sus discípulos vencieron al diablo, se sintió verdaderamente alentado.

También existe un factor humano que actúa aquí que no debemos pasar por alto. Jesús trabajó con dos diferentes equipos de discípulos; los doce, que fueron vencidos en el capítulo 9, y los así llamados setenta, que resultaron victoriosos en el capítulo 10. Ambos grupos amaban a Jesús, pero a los doce les molestaban los pecadores, mientras que los setenta parecían disfrutar de su compañía. El contraste entre estos grupos nos provee la clave para el paradigma en cuestión. Una rápida mirada a la serie de acontecimientos de Lucas 9 nos muestra que los doce demostraron las siguientes características, que evidenciaban su desprecio por la multitud:

- *Eran egocéntricos.* "Vueltos los apóstoles, le contaron *todo lo que habían hecho*" (v. 10, énfasis del autor). Observemos qué enfocado en ellos mismos resulta este reporte comparado con el de los setenta, que regresaron con gozo por todo lo bueno que le había sucedido a las personas endemoniadas.
- *Eran indiferentes.* Jesús llevó a los doce de retiro espiritual. Con toda seguridad estaban muy contentos con esta oportunidad para estar a solas con Jesús. Pero la multitud los siguió. La respuesta de Jesús ante esta interrupción fue muy positiva: "Y él les recibió, y les hablaba del reino de Dios, y sanaba a los que necesitaban ser curados" (v. 11). Los doce, por el contrario, fueron muy negativos: "Despide a la gente" (v. 12).
- *Eran altivos*: A Jesús no le agradaba su actitud indiferente y les indicó que le dieran de comer a la gente (véase v. 13). Los discípulos pusieron objeciones, de manera que Jesús les impartió una orden: "Hacedlos sentar en grupos, de cincuenta en cincuenta" (v. 14). Sospecho que les dio la tarea de organizar los grupos para obligarlos a tener un contacto cercano con la gente. De lo contrario, podrían simplemente haberles gritado a la gente hambrienta: "¡Siéntense todos!"
- *Eran maliciosos*: Cuando Jesús les preguntó a los doce quién decía la gente que era Él (v. 18), me imagino a los apóstoles sintiéndose muy superiores, dado que ellos tenían una idea bastante clara respecto a quién era Jesús, mientras que las multitudes estaban aplazadas en teología I.
- *Eran mensajeros indignos:* Me pregunto qué expresión tendrían en los rostros cuando "Él les mandó que a nadie dijesen esto, (que Él era el Cristo de Dios) encargándoselo rigurosamente (v. 21). ¿Por qué prohibiría Jesús que sus discípulos predicaran esta verdad

tan poderosa? Encontramos la respuesta dos versículos más abajo: "Si alguno quiere venir en pos de mí, niéguese a sí mismo, tome su cruz cada día, y sígame" (v. 23). Ellos no estaban dispuestos a acatar esta directiva, especialmente la última, la de seguirlo. Jesús se alegraba de ir adonde se encontraban los pecadores y a darles la bienvenida cuando ellos se le presentaban sin aviso, mientras que los doce querían que los despidiera. Jesús no deseaba predicadores que anunciaran la verdad correctamente pero que malinterpretaran su carácter ante sus amigos, los pecadores.

- *Estaban confundidos:* Jesús llevó a los tres líderes, Pedro, Jacobo y Juan, a un retiro en la cima del monte. En el momento que vieron "su gloria" (v. 32), Pedro, no sabiendo lo que decía (que quiere decir que no estaba en control de lo que decía), soltó: "Bueno es para nosotros que estemos aquí; y hagamos tres enramadas" (v. 33). Esto estaba tan fuera de lugar que Dios el Padre reprendió a Pedro y con mucha firmeza le mandó que se callara (véanse los vv. 34, 35).
- *Eran egoístas.* La motivación de Pedro al querer hacer algo para Jesús y sus invitados era de la más baja: "Es bueno para nosotros". Eligiendo ignorar a la multitud que esperaba en el valle, Pedro y los otros dos pensaban solamente en lo que resultaba bueno para ellos.
- *Eran impotentes.* Cuando los cuatro descendieron del monte, un hombre del lugar le planteó dos problemas a Jesús. El primer problema era de él: Tenía un hijo brutalmente atormentado por demonios. El segundo problema tenía que ver con Jesús: "Rogué a tus discípulos que le echasen fuera, y no pudieron" (v. 40). Este es el momento en que Jesús tocó fondo y acusó a sus discípulos, caratulándolos de perversos e incrédulos. Al principio puede parecer una reacción exagerada, más que nada por el hecho de que el demonio fue inmediatamente expulsado por Él. Sin embargo, cuando los discípulos le preguntaron por qué ellos habían fallado, Jesús les dijo que era por falta de fe. Les explicó entonces que esta clase de demonio en particular sale solamente después de ayunar (véase Mateo 17:19-22). Tal parece que los discípulos estaban

dispuestos a realizar todas las acciones abstractas del ministerio pero no estaban dispuestos a negarse a sí mismos, (como se requiere para ayunar) con el propósito de ser útiles en un caso tan poco atrayente.

- *Eran orgullosos.* "Entraron en discusión sobre quién de ellos sería el mayor" (v. 46). ¡Esto es tan ridículo como si entre los jugadores de un equipo de fútbol que viene de perder los últimos cuarenta partidos se desatara una fea pelea en vestuarios con el fin de determinar quién de ellos es el jugador más valioso!
- *Eran controladores.* Encontraron a alguien que estaba haciendo lo que ellos no habían podido (echar demonios) y se lo prohibieron porque no seguía con ellos (véase el v. 49).
- *Eran delirantes.* No habían logrado hacer ni una sola cosa bien, pero estaban muy confiados en que podían mandar nada menos que a Dios, que enviara fuego del cielo (véase el v. 54).
- *No tenían misericordia.* Querían ver a los samaritanos consumidos por el fuego. Esto provocó que Jesús hiciera la observación de que estaban trabajando para el diablo en lugar de para Él (véase el v. 55).

Por favor no perdamos la siguiente observación. Es desconcertante que los doce hayan sido capaces de ser egocéntricos, indiferentes, altivos, maliciosos, mensajeros indignos, confundidos, egoístas, impotentes, orgullosos, controladores, delirantes y sin misericordia y aún así amar a Jesús. ¿Cómo es posible? *Porque abrazaron la errónea creencia de que para estar cerca de Jesús, es necesario mantenerse lejos de los pecadores.*

Jesús cambia de equipo

En el capítulo 10, Jesús consiguió un nuevo equipo de discípulos. No se nos dice sus nombres y no sabemos si eran setenta o setenta y dos. Considero que esa imprecisión respecto a sus biografías y su número exacto es intencional por parte del Espíritu Santo con el propósito de enfatizar que la clave no se encuentra ni en su número ni en sus credenciales personales sino en su obediencia. Obediencia significa salir del granero para ir a donde está la cosecha. Para asegurarse que este principio tan importante no se perdiera en su nuevo equipo, Jesús les deletreó una estrategia detallada cuyo enfoque estaba direccionado hacia afuera: Vayan, bendigan, compartan, satisfagan las necesidades y proclamen.

Hoy, tenemos una clara elección para hacer: Podemos ser como los doce o como los setenta. Los primeros le causaron gran dolor a Jesús, los segundos, grande gozo. A los doce Jesús los llamó perversos e incrédulos, y tenía buena razón para hacerlo. Eran perversos porque se habían desviado del plan original de servir a otros para servirse únicamente a sí mismos. Eran incrédulos porque eligieron no creer que Jesús había venido para salvar a los pecadores y no para destruirlos.

Cuando permitimos que nuestro amor por Dios se contraponga a la necesidad de amar a los perdidos, encontramos atrayente la perspectiva de despreciar a los pecadores. Nada podría estar más alejado del corazón de Dios y de las Escrituras. Debemos hacer las dos cosas juntas y en armonía. Si no lo hacemos, pervertiremos nuestro propósito y negaremos la principal razón por la que Jesús vino a la tierra. ¡Esto es muy grave!

¿Somos perversos e incrédulos?

Si destinamos la mayor parte de nuestro presupuesto para ministrar a los santos en vez de a los perdidos, el Señor nos llama perversos e incrédulos. Si la mayor parte de nuestro tiempo se emplea lejos de los necesitados y de los que sufren (véase Isaías 58), el Señor nos llama perversos e incrédulos. Si dedicamos la mayor parte de nuestra predicación a condenar a los perdidos sin sentir el dolor de Jesús por ellos, el Señor nos llama perversos e incrédulos. Si la motivación que tenemos para realizar lo que hacemos para el Señor es que nos hace bien a nosotros, en vez de a los perdidos, el Señor nos llama perversos e incrédulos.

No podemos decir que amamos a Dios si no amamos a nuestro prójimo. Esta dicotomía es el centro mismo del espíritu religioso que nos ha controlado por demasiado tiempo. Para corregir esto, el Espíritu Santo está comunicando un mensaje claro e imperioso: Amar a los perdidos es de tanta importancia como amar a Dios si queremos alcanzar a los perdidos de nuestras ciudades para Cristo.

Un encuentro de amor con los gays

Veo señales prometedoras de que este paradigma está comenzando a emerger hacia la luz del día. En noviembre de 1999, durante nuestra conferencia anual en Argentina, programamos una transmisión de dos horas en vivo desde Plaza de Mayo en Buenos Aires, Argentina. Nuestro objetivo era orar por los perdidos y bendecir a la Nación. Una vez que obtuvimos todos los permisos y que publicamos los avisos del encuentro, la Coalición Argentina de Gays y Lesbianas anunció que protagonizarían una marcha de protesta en el mismo lugar y a la misma hora.

Cuando le pregunté al Señor por qué había permitido que esto sucediera (dado el extremo potencial de que hubieran contratiempos, violencia, y hasta que esta gente se entrometieran en nuestra reunión), el Señor me dijo: "Organizaste una reunión para orar por los pecadores. Yo te estoy mandando los mejores ejemplares".

Cuando llegó el día, los gays y lesbianas ocuparon la plaza cuando nosotros estábamos culminando nuestra reunión. Escandalosos y provocativos; muchos estaban prácticamente desnudos. Sus carrozas estaban decoradas de manera grosera e inmoral. No obstante, nuestro equipo se acercó para pedirles perdón por el rechazo y el enojo de la iglesia hacia ellos. Aquellos gays quedaron desconcertados y preguntaron: "¿Quiénes son ustedes?" Nuestra gente respondió que éramos cristianos. Los gay respondieron: "Ustedes no son cristianos. Los cristianos nos odian". Les dijimos que esa falta de amor era la que nos llevaba a pedirles perdón. Quedaron anonadados.

Sin embargo, cuando comenzaron su marcha los gays y lesbianas insistieron en pasar por el medio de nuestro grupo de gente. La policía nos dijo que si queríamos podían detenerlos, pero que no podían evitar que se pusieran violentos. Les dijimos que no se preocuparan por detenerlos. Cuando comenzaron a marchar en dirección nuestra, levanté el micrófono e hice una seña para que me dieran el máximo volumen. Entonces le indiqué a nuestro grupo que se ubicara mirando hacia las carrozas de ellos que marchaban a través de nuestro espacio y guié a todos en una oración colectiva por ellos. Era el cumplimiento del sueño del evangelista de oración. Una multitud de pecadores certificados, de máxima potencia caminando en medio de nuestra reunión de oración pública. Cuando procedimos a arrepentimos por los feos y malolientes pecados de discriminación y de odio y pedimos a Dios que sanase a aquellos afectados por el sida, los gays y lesbianas fueron profundamente tocados y algunos comenzaron a llorar. Unos pocos se retiraron del desfile, se vistieron y se unieron a nosotros, y nueve de ellos recibieron al Señor. Estaban los medios en pleno, previendo una confrontación cargada de odio. En lugar de esto, vieron el amor de Jesús en acción. El día siguiente, los periódicos de Argentina relataban la historia y todos hablaban bien de esta clase diferente de cristianos.

Yo sostengo que cuando damos un vaso de agua en su nombre, cuando cuidamos de los necesitados, cuando libertamos a los cautivos de la atadura económica, estamos levantando a Jesús. Jesús dice: "Y yo, si fuere levantado de la tierra, a todos atraeré a mí mismo" (Juan 12:32). ¿A cuántas personas nos asegura Jesús que atraerá a sí mismo cuando sea levantado? ¡A todas! Nuestra misión es levantarlo a Él, lo demás simplemente ocurrirá: Todos serán atraídos a Él. Tristemente, hemos limitado nuestra comprensión de lo que significa levantar a Jesús a la práctica de la prédica. Qué contraste con las palabras de San Francisco de Asís, que postuló: "Predica en todo tiempo. Usa las palabras solamente cuando fuere necesario".

Si ellos pueden vernos, deberían ver a Dios a través de nosotros

El amor con el que Dios nos ama, que a su vez nos permite amarlo a Él, es el mismo amor que ya tenemos en nuestros corazones por nuestro prójimo, aunque en desuso. Debemos soltarlo en fe.

Al hacerlo, veremos el cumplimiento de Lucas 16:16: que todos se esfuerzan por entrar en el Reino.

¿Por qué motivo resultaría esto atractivo para todos? Porque cuando amamos a los perdidos con el mismo amor con el que amamos a Dios, ellos se sienten conectados con Dios, al que no pueden ver, a través de nosotros, a los que sí pueden ver, por medio de nuestro amor, que ellos pueden sentir. Si este paradigma está instalado, los perdidos no se podrán resistir al evangelio del Reino que predicamos.

Permítanme conectar estos cuatro paradigmas emergentes en un solo párrafo para que visualicemos el futuro cercano de la iglesia en nuestra ciudad: Todos en la iglesia interceden por los perdidos, batallando contra el diablo que los ha cegado. Lo hacen sin temor a la muerte porque han despreciado sus vidas hasta la muerte. Guiados por evangelistas que los capacitan para testificar en cualquier lugar que se encuentren, por pastores que pastorean a la ciudad entera y no hacen distinción entre santos y pecadores en cuanto al compromiso y al cuidado, por maestros que exponen la palabra de Dios con el propósito de dar crecimiento al cuerpo de Cristo; la iglesia constituye una parábola viviente de una comunidad que ama a Dios y a su prójimo con la máxima intensidad, ¡y el Señor añade cada día a la iglesia a aquellos que han de ser salvos!

CAPÍTULO 8

PARADIGMAS FUTUROS

Estos paradigmas serán la señal del comienzo del avivamiento por el que tanto se ha orado y de la cosecha de los últimos tiempos.

Los paradigmas que son la esencia de este capítulo todavía no se han activado; pero cuando se produzca el cambio y aparezcan en escena, será la señal del comienzo del avivamiento por el que tanto se ha orado (el más grande jamás imaginado) y de la cosecha de los últimos tiempos. Estos paradigmas representan la más grande línea divisoria que deberá cruzar la iglesia para alcanzar la última frontera y cumplir la Gran Comisión en cada ciudad de cada continente.

Paradigma 14: La cosecha es abundante

> La mies es mucha (Mateo 9:37).
> He aquí os digo: Alzad vuestros ojos y mirad los campos, porque ya están blancos para la siega (Juan 4:35).

Jesús les dijo a sus discípulos, "Es abundante la cosecha... pero son pocos los obreros. Pídanle, por tanto, al Señor de la cosecha que mande obreros a su campo" (Lucas 10:2; NVI). Este es uno de los textos más malinterpretados de la Biblia.

A menudo cuando leemos este pasaje o escuchamos que se cita, sentimos un dejo de inquietud, de negatividad. Veo tres razones para esto: (1) parecería existir un problema con los cosecheros, lo que resulta cierto porque Jesús dice que hay pocos y están en el lugar equivocado cuando hay trabajo para hacer; (2) parecería que Dios necesitara nuestra ayuda para que le recordáramos cuándo y dónde debe enviar sus obreros, algo que no es verdad, y (3) un llamado a la oración como el de este pasaje siempre se ha asociado a una crisis. Estos factores conspiran para que nos quedemos con una impresión negativa.

Sin embargo, esta enseñanza del Señor no tiene nada de negativo. De hecho, comienza con tono muy optimista: "La cosecha es abundante". El término más positivo que puede emplear un granjero para describir cualquier cosecha es la palabra "abundante". Una cosecha abundante refleja la exitosa combinación de buena semilla, buena plantación, buena tierra y regado apropiado, dando como resultado un alto rinde. Ninguna cosecha puede ser abundante sin todos estos factores.

Cosecheros con alergia al trigo

Un cuidadoso estudio del texto indica que la preocupación de Jesús no era la cantidad de la cosecha ni la calidad de la gerencia. En lugar de esto, su preocupación se dirigía a los cosecheros, que estaban en el lugar equivocado, esperando adentro y orando por una gran cosecha; mientras tanto, afuera había una gran cosecha esperando que alguien la recogiera. Este es nuestro problema hoy en día: El trigo nos produce alergia. No nos agrada relacionarnos con los perdidos, de manera que nos escondemos en los graneros, ¡orando por un viento de avivamiento lo suficientemente poderoso como para arrancar al trigo de raíz y *soplarlo hacia adentro* del granero!

¿Cuál es la solución? Llevar a los cosecheros al campo. Si los cosecheros se juntan con la cosecha, algo bueno tiene que acontecer, después de todo, fueron hechos el uno para el otro, sobretodo si la cosecha es abundante.

Lo que todavía no logramos comprender del todo es *cuán* abundante es la cosecha. Sabemos que tiene que haber más de lo que hemos recogido hasta ahora, ¿pero *cuánto* más? El estudio de los Evangelios revela que la cosecha que se viene es cuantificable: ¡Jesús señaló que como mínimo la mitad de la población sería salva! Por ejemplo, en su parábola de las diez vírgenes, cinco son salvas y cinco no lo son (véase Mateo 25:1-13). Él habló de dos hombres que estaban trabajando en el campo y de dos mujeres que molían el grano; en cada caso, uno era llevado y el otro, dejado (véase Lucas 17:35, 36). Jesús mismo fue crucificado entre dos ladrones. Uno creyó que Él era el Cristo y fue salvo; el otro lo rechazó y no fue salvo (véase Lucas 23:39-43).

Al comienzo, este cálculo de un rinde del cincuenta por ciento parece contrastarse con otra enseñanza muy conocida de Jesús:

> Entrad por la puerta estrecha: porque ancha es la puerta, y espacioso el camino que lleva a la perdición, y muchos son los que entran por ella; porque estrecha es la puerta, y angosto el camino que lleva a la vida, y pocos son los que la hallan (Mateo 7:13, 14).

¿No nos dice aquí que la cosecha será pequeña? Entiendo que no, al menos por tres razones:

1. Lo que Jesús describe aquí es la natural dificultad que tienen los caídos para encontrar el camino que lleva a la vida, por lo que necesitan que nosotros se lo mostremos.
2. La comparación que hace de las dos puertas, la espaciosa y la estrecha, es más bien una aseveración acerca de la naturaleza caída del hombre y su resultante tendencia al mal, que una predicción de que, al final, muy pocos serán salvos.
3. Este versículo se encuentra dentro de un conjunto de advertencias contra los falsos profetas que prometen un camino fácil pero que luego no resulta así. Como hemos llegado a comprender, la gracia es gratuita, pero acceder a ella nos cuesta todo.

Más grande es mejor: El reino que se expande

La tendencia que encontramos en todo el Nuevo Testamento es a incrementar, no a mermar el tamaño de la cosecha. Jesús representó a los perdidos como campos blancos para la siega (véase Juan 4:35). Una multitud entusiasta ante su mensaje seguía a Jesús por todas partes, esforzándose por entrar al Reino (véase Lucas 16:16).

Poco cambia en el libro de Hechos, en donde leemos acerca de miles que llegaron a la salvación, ciudades enteras que fueron llenas de la doctrina de los apóstoles y de que todos oyeron la palabra del Señor (véase Hechos 19:10).

En el primer sermón que jamás se haya predicado en la era de la iglesia, Pedro aseguró inequívocamente que Dios derramaría su Espíritu sobre *toda* carne y que todo aquel que invocara su nombre sería salvo (véase Hechos 2:14-36; énfasis del autor). Toda carne significa *toda* carne, la población del mundo entero. Es razonable suponer que la mayoría de aquellos sobre los que Dios derrame su Espíritu invocarán el nombre del Señor, porque nosotros, como creyentes, conocemos lo amoroso y atrayente de su toque. Ni aun Saulo, el perseguidor, que tenía las manos manchadas de sangre cristiana y se había propuesto cumplir una misión asesina, pudo resistirlo (véase Hechos 9:5).

En el libro de Apocalipsis, Juan testifica que la multitud alrededor del trono era tan numerosa que resultaba imposible de contar:

> Después de esto miré, y he aquí una gran multitud, la cual nadie podía contar, de todas naciones y tribus y pueblos y lenguas, que estaban delante del trono y en la presencia del cordero... diciendo, "La salvación pertenece a nuestro Dios que está sentado en el trono, y al Cordero" (Apocalipsis 7:9, 10).

Muy al final del Nuevo Testamento, se nos dice que todas "las naciones que hubieren sido salvas andarán a la luz de ella; [de la nueva Jerusalén], y los reyes de la tierra traerán su honor y su gloria a ella" (Apocalipsis 21:24). Y para que no quede espacio para la especulación respecto a si estas naciones y estos reyes son o no salvos, Juan escribe: "No entrará en ella ninguna cosa inmunda, o que hace abominación y mentira, *sino solamente los que están inscritos en el libro de la vida del Cordero"* (Apocalipsis 21:27; énfasis del autor).

El Nuevo Testamento muestra al reino de Dios siempre expandiéndose, nunca retrocediendo. La Biblia no solamente menciona con claridad sobre la cosecha abundante que viene, sino que lo hace enfáticamente.

La iglesia es un movimiento, no un monumento

Cuando finalmente comprendamos ¡cuán abundante es la cosecha!, cambiaremos nuestra manera de practicar la vida de iglesia. La iglesia dejará de ser un monumento, limitada a un solo lugar, a una estructura física y una vez más será un movimiento dinámico que se expresa a diario por toda la ciudad. Imaginemos lo que sería nuestra ciudad si, como mínimo, la mitad de los residentes de la ciudad aceptaran la salvación ofrecida por Jesucristo. ¿No sería maravilloso? Quizás te preguntes: ¿Dónde se congregaría una iglesia de ese tamaño? ¿No deberíamos pensar en agrandar los edificios que tenemos? No. Dios ya tiene los edificios que se necesitarán. ¡Son los estadios deportivos! Cuando venga la cosecha, la iglesia no tendrá más opción que reunirse en lugares por toda la ciudad, en las casas, en los negocios, en los parques.

Cuando haya necesidad de estar reunidos como iglesia, esos estadios deportivos resultarán convenientes. De hecho, podríamos "ser iglesia" antes y después de cada partido, y hasta en el entretiempo si la mitad de los hinchas fueran creyentes. Abramos los ojos y miremos los campos; están blancos para la cosecha, ¡y es una cosecha abundante!

Paradigma 15: El regreso del Señor como motivación para cumplir la Gran Comisión

> Varones galileos, ¿por qué estáis mirando al cielo? Este mismo Jesús, que ha sido tomado de vosotros al cielo, así vendrá como le habéis visto ir al cielo (Hechos 1:11).

La motivación que tengamos para hacer algo determinará (1) cómo lo hacemos, (2) el alcance que tendrá lo que hacemos y (3) cuánto estamos dispuestos a invertir, ya sea en tiempo, dinero o esfuerzo. La iglesia primitiva creía apasionadamente que Jesús regresaría mientras ellos todavía estuvieran con vida. Pablo, por ejemplo, escribió: "Nosotros que vivimos, que habremos quedado hasta la venida del Señor" (1 Tesalonicenses 4:15).

La experiencia de la iglesia primitiva, tal como se registra en el Nuevo Testamento, demuestra que si cada persona de la iglesia cree que Jesús regresará mientras ella estuviese con vida. Veremos dos efectos poderosos en el estilo de vida de los cristianos: un extraordinario compromiso con la *santidad* y una *generosidad* radical que se reflejará en la disposición a soltar los recursos para la expansión del evangelio.

Santidad personal

La santidad personal siempre aumenta cuando las personas esperan el regreso del Señor, el apóstol Juan escribió: "Sabemos que cuando él se manifieste, seremos semejantes a él, porque le veremos tal como él es. Y todo aquel que tiene esta esperanza en él, se purifica a sí mismo, así como él es puro (1 Juan 3:2, 3).

Al comienzo, cuando yo recién me había entregado a Cristo, mi pastor predicaba básicamente dos sermones: "Sé salvo" y "¡Jesús regresa pronto!" Mi hermana y yo estábamos tan convencidos de que regresaría en cualquier momento que nos entristecíamos por las mañanas porque no había venido durante la noche.

Una noche, al regresar tarde a casa, encontré que ni mis padres ni mi hermana estaban en casa, tampoco habían dejado ninguna nota avisando donde se encontraban. Hallé la ropa de mi hermana en una pila en el piso y entré en pánico. Pensé, ¡Vino el Señor y yo me quedé atrás!

Horrorizado salí a toda velocidad en mi bicicleta hasta la casa del pastor. Llegué pasada la medianoche y golpeé la puerta con tanta fuerza que muy probablemente haya despertado a varios vecinos.

Aún recuerdo el inmenso alivio cuando mi pastor, más que sorprendido, abrió la puerta y vio mi estado de angustia. Lo abracé diciendo: “No me dejaron atrás, no me dejaron atrás. ¡Gracias a Dios!”. Me llevó unos minutos recomponerme para poder explicar la situación. Ya más tranquilo, regresé a casa y me enteré de que mi familia había salido en ayuda de una familia en la que uno de los miembros había fallecido repentinamente.

La expectativa por el inminente regreso de Cristo afectaba las prioridades de la iglesia de mi niñez: Servíamos al Señor cada día en lugar de ocasionalmente; ofrendábamos con generosidad a las misiones y para el evangelismo; no invertíamos ni tiempo, ni esfuerzo ni finanzas en nada que pudiera durar más que nuestro tiempo de vida, sino que poníamos todo lo que teníamos para la predicación del evangelio; y con gozo transferíamos al cielo lo máximo posible, esperando acelerar su venida. Sin embargo, la influencia más poderosa de nuestra creencia era nuestro compromiso con la santidad personal. Recuerdo muy bien como vez tras vez me pude sobreponer a la tentación simplemente recordándome que los próximos minutos podrían ser aquellos en los que Jesús regresara.

Extraordinaria liberación de recursos

Si el inminente regreso de Cristo es lo que motiva nuestras acciones, invertiremos nuestros recursos con gozo a fin de acelerar su regreso. Los creyentes de la iglesia primitiva no tenían ningún reparo en vender sus propiedades y colocar el dinero obtenido a los pies de los apóstoles porque creían que Jesús regresaría ni bien se hubieran alcanzado los confines de la tierra (véase Mateo 24:14). Por otra parte, ¿de qué serviría la propiedad una vez que el Señor hubiera venido? Mencionaremos en más profundidad sobre este extraordinario fluir de recursos hacia el Reino en la próxima sección.

Creo que el regreso de este paradigma a la iglesia, es decir, motivarse a partir del pronto regreso del Señor, será por la actuación de los ángeles. Digo esto porque fueron ángeles los que introdujeron este paradigma en la iglesia primitiva. Los discípulos estaban con los ojos puestos en el cielo, asombrados después de la ascensión del Señor, absortos hasta que los ángeles interrumpieron su sueño para decirles: "¿Por qué se quedan ahí parados? Hay trabajo que hacer. Jesús regresará, asegúrense de estar listos" (véase Hechos 1:11). De manera que los discípulos regresaron a Jerusalén, donde muy pronto fueron testigos de la primera siega de una cosecha abundante. Predigo que muy pronto, aparecerán ángeles en todo el mundo para anunciar que Jesús regresa pronto, generando un poderoso acelerador de la cosecha de los últimos tiempos.

Paradigma 16:
No hay división entre el clero y los laicos

> Mas Pedro le levantó, diciendo: "Levántate, pues yo mismo también soy hombre" (Hechos 10:26).

La iglesia primitiva estaba dirigida por "hombres sin estudios ni preparación" cuya única credencial era que "les reconocían que habían estado con Jesús" (Hechos 4:13). Que no tuvieran estudios no significaba que fueran analfabetos. Los apóstoles sabían leer y escribir y algunos también tenían experiencia en los negocios, pero no poseían educación en asuntos de religión.

Esta manera informal de liderazgo de la iglesia continuó durante los primeros siglos y coincidió con una era de rápida expansión del cristianismo. Finalmente, la iglesia se dividió en el clero y los laicos. Esa división provocó un grave daño a la eficacia de la iglesia al asignar a unos pocos, en virtud de su entrenamiento, la misión que pertenece a todos, de acuerdo con el llamado. El muro que se levantó entre estos dos grupos dentro de la iglesia (quedando el clero en un rango superior) no es bíblico. La división es también una corrupción del modelo de la iglesia primitiva, dado que se estableció con la ayuda de gobernadores seculares, que querían utilizar a la iglesia con fines políticos. No hay ninguna duda de que el Señor ha provisto cargos de gobierno dentro de la iglesia con el fin de equipar a los santos para el trabajo del ministerio (véase Efesios 4:7-16). La existencia de estos cargos y la necesidad de ellos son innegables. Pero no existe ningún fundamento que sostenga la errónea creencia de que únicamente los miembros del tal llamado clero, puedan ocupar estos cargos.

La iglesia no es igualitaria en lo que a gobierno se refiere; la existencia de estos puestos es un testimonio de ello. Sin embargo, los niveles de liderazgo divinamente ordenados nunca deberían impedir que la iglesia ejercitara activamente el sacerdocio encomendado a todos los creyentes. Tampoco deberíamos limitar nuestro sacerdocio exclusivamente a la ministración al Señor. En lugar de eso, nuestros esfuerzos deben estar dirigidos también hacia los perdidos. Esto traerá como resultado que nuestras ciudades se llenen de las enseñanzas de los apóstoles gracias a cristianos corrientes que ministran a todos, en todo lugar, todos los días. ¡Esto resulta muy necesario cuando lo consideramos en el contexto de una cosecha abundante!

La necesidad de llenar la ciudad con el evangelio hace que sea imperativa la eliminación de esta división porque coloca el insoportable peso de la mayor parte del ministerio sobre unos pocos. Para que las ciudades puedan alcanzarse, esto tiene que cambiar. De otro modo, la iglesia seguirá pareciéndose a una final de la Copa del Mundo, en la que miles de espectadores con sobrepeso, muy necesitadas de un poco de ejercicio, observan a veintidós jugadores de fútbol exhaustos. Por otra parte, en el caso de la iglesia, ¡el equipo opositor no cuenta solo con once jugadores sino con cientos de miles! No hay manera de que nuestros "profesionales" puedan ganar este partido por sí mismos, ¡cada jugador de la iglesia debe estar activo y en el campo de juego!

La iglesia no formaba parte de la clase dirigente

Jesús nunca previó que su iglesia fuera administrada por una elite religiosa. Por el contrario, Su diseño era intencionalmente no-religioso. Repasemos el historial:

Ninguno de los doce apóstoles pertenecía a la dirigencia religiosa.

De hecho, eran galileos, un grupo mayormente despreciado por la camarilla religiosa de Jerusalén.

Ninguno de los líderes de la iglesia primitiva era sacerdote o líder en el templo. Pablo había sido un destacado rabino al que la dirigencia religiosa despidió cuando se convirtió al cristianismo. De hecho, la iglesia primitiva buscaba a los líderes del mercado en lugar de a los líderes religiosos. ¿Dónde encontraríamos a estas personas hoy en día?

Pedro, Juan y Jacobo, en la industria del alimento (la pesca).

Mateo, en rentas, administración y préstamos (recolector de impuestos).

Pablo, en la confección de equipamiento para camping (fabricante de carpas).

Lucas, en la medicina.

Los siete (véase Hechos 6) eran hombres de negocios.

El primer convertido de Etiopía era banquero.

Dorcas fabricaba ropa *interior.*

Lidia, tenía una distribuidora de telas finas para vestimenta.

Cornelio era un militar de alto rango.

Simón el curtidor, trabajaba en una curtiembre.

Los que escribieron los Evangelios fueron personas que se encontraban fuera de los círculos religiosos; un médico, un recaudador de impuestos retirado, un pescador y Marcos, que quizás haya sido descendiente de una familia adinerada, el equivalente moderno de un director general de una fundación privada.

La iglesia no fue concebida en un ambiente religioso, como un templo o una sinagoga, sino en una casa privada, que muy probablemente perteneciera a un hombre de negocios. La iglesia entonces nació en un ambiente secular: El mercado, como se demuestra en el paradigma 5.

Cuando llegó el momento de introducir un principio revolucionario (que los gentiles podían y debían ser aceptados en la iglesia) Dios utilizó a tres líderes del mercado: Pedro, Simón y Cornelio (véase Hechos 10).

Finalmente, la oficina central internacional de la iglesia se estableció en Antioquía, muy probablemente para protegerla de la religiosidad que provenía de Jerusalén.

Todos estos puntos nos llevan a concluir que nunca fue la intención de Jesús que la iglesia fuese una subcultura sino, por el contrario, una *contracultura.* El propósito de la iglesia no era asimilarse a la sociedad sino cambiar a la sociedad por medio de la transformación de sus ciudades.

El mercado es el campo de batalla para la ciudad

Si algún grupo deseara tomar una ciudad o una nación por medios no violentos le apuntaría a los mercados regionales o nacionales, porque el control del mercado le dará control *de facto* sobre la economía, y el que posea el manejo de la economía será el que tenga mayor influencia sobre la gente. Observemos cómo solían gobernar los imperios a las naciones conquistadas o colonizadas. Tal vez hubo un intercambio inicial de pólvora pero, al final, era el continuo intercambio desigual de riquezas lo que le permitía al imperio ejercer el control sobre sus colonias.

De la misma manera, tomar el mercado es imprescindible para poseer la ciudad. El corazón de la ciudad no es la iglesia, mucho menos el edificio de la iglesia. La iglesia es la luz de la ciudad, pero su corazón es el mercado. A menudo se identifican las ciudades por su silueta recortada en el horizonte, que representa los edificios de las principales corporaciones de la ciudad. Allí es donde tiene que estar la acción si hemos de alcanzar nuestras ciudades.

La primera persona que se convirtió en Europa fue una mujer de negocios que tenía una empresa de vestimenta costosa (véase Hechos 16:14, 15). Inmediatamente después tuvo lugar en el mercado un encuentro de poder en relación a una joven esclava que tenía un espíritu de adivinación (véase Hechos 16:16-21). Lucas relata veintidós encuentros de poder en el libro de Hechos todos menos uno de ellos sucedieron en ambientes no religiosos, la mayoría de ellos en el mercado. Estos acontecimientos tuvieron un profundo efecto sobre las ciudades, y en algunos casos, sobre las regiones de la periferia.

Para transformar una ciudad, debemos transformar el mercado. Debemos pelear la batalla por nuestras ciudades en el mercado, y ya hay un ejército disponible al que se debe enviar y delegar poder: compuesto por los que llamamos laicos. Ya sea que dirijan las empresas o que trabajen en ellas, están mejor posicionados que el clero para transformar al mercado.

Los cristianos del mercado ya tienen unción para anunciar el evangelio a los perdidos; pero, en la mayoría de los casos, la unción no se ha activado, ya que estas personas laicas han quedado relegadas a una categoría de segunda clase.

El corazón del mercado es el suministro de alimentos

Si el mercado es el corazón de la ciudad, ¿qué órgano tendrá vital importancia? El suministro de alimentos. Casi todo puede funcionar mal en el mercado (la inflación, la corrupción política, hasta un desastre natural) y la ciudad lo soportará y con el tiempo se recuperará. Pero si la provisión de alimentos se vuelve crítica e insuficiente, se desatan revoluciones, los gobernadores pierden sus cabezas con el consiguiente caos general hasta que se logra restablecer el orden, primeramente en el abastecimiento de alimentos y por último en las otras áreas del mercado. Un desastroso trastorno en el suministro de alimentos es el equivalente social de un ataque cardíaco.

Quiero demostrar cómo la iglesia primitiva trajo reconciliación al mercado al cuidar de los necesitados. Esta fue una estrategia de primordial importancia para ganar multitudes para Cristo. Lograron esto al cerrar las brechas entre amos y esclavos, entre los que no tienen y los que tienen (véase paradigma 4). Yo creo que esta estrategia fue necesaria porque el mercado, específicamente el suministro de alimentos (el pan de cada día, como lo llamó el Señor) o la falta de él, es el ambiente donde más dolorosamente se siente la opresión espiritual.

La opresión espiritual generada por el diablo no es ni abstracta ni intangible. Todo lo contrario: Es real y se manifiesta en forma de pobreza y hambre. En 2 Crónicas 7:14, se nos promete que si nos alineamos con Dios, además de perdonar nuestros pecados, Él sanará la tierra. Esta es una clara referencia a la prosperidad. A través de todo el Antiguo Testamento encontramos ejemplos en los que el castigo del pecado, especialmente la idolatría, se manifestó en forma de hambre, pestilencia o sequía. Lo peor de estos juicios siempre se sentía primero en el mercado y luego en los estómagos de la gente. No es ninguna coincidencia que las naciones más pobres sean aquellas en las que Cristo y su mensaje son menos conocidos. Cuanta más oposición espiritual exista, más proliferan la pobreza y el hambre. Es por este motivo que debemos traer el mensaje de reconciliación al mercado si hemos de alcanzar a nuestras ciudades.

Me encaminé en este rumbo gracias a algo muy poco común que sucedió en el verano de 1999 en La Plata, Argentina, donde fuimos para llevar a cabo un programa para alcanzar a la ciudad. Al poco tiempo de llegar, el Señor nos indicó que antes que nada debíamos dirigirnos a la plaza central y levantar una ofrenda pública para el Hospital de Niños, que se encontraba en urgente necesidad de reparación. Levantar ofrendas para ayudar a niños no es nada nuevo. Lo que resultaba poco común eran las dos condiciones que nos marcó el Señor: La ofrenda debía levantarse públicamente, y tenía que hacerse antes que ninguna otra cosa.

Fuimos a la plaza principal con un grupo de 331 delegados extranjeros y unos pocos argentinos. Les pedimos a un grupo de cinco pastores que se pararan sobre una plataforma sosteniendo las bolsas para las ofrendas en las manos, y públicamente comenzamos a depositar dinero en ellas. Se requerían un total de 8.000 dólares para las reparaciones, y se recolectaron 11.507 dólares. Pero esa no fue la principal bendición. Mientas recogíamos la ofrenda pública, ¡veintitrés personas que circunstancialmente se encontraban allí pidieron que se las condujera a Cristo! ¡Yo nunca he visto nada igual! No hubo ninguna proclamación, ninguna entrega de tratados evangélicos, nada. Lo único que habíamos hecho era una ofrenda pública para las personas más necesitadas de la ciudad (niños enfermos) y veintitrés personas se volvieron de la oscuridad a la luz.

El cuidar a aquellos que están en necesidad hace que la iglesia crezca

Le pedí al Señor que me mostrara por qué había sucedido este hecho sin precedentes en La Plata. Él me dijo: "No es algo sin precedentes. Ha ocurrido antes, y debería ocurrir más a menudo". Luego leí Hechos 2:41-47, el pasaje en el que los discípulos cuidaron de aquellos que tenían necesidad *¡y el Señor añadía cada día a la iglesia!* Al investigar el libro de Hechos más profundamente, encontré seis ejemplos en los que al cuidar de los necesitados, especialmente de los hambrientos, la consecuencia inmediata era un crecimiento de la iglesia:

Cuidado de los necesitados	Crecimiento de la iglesia
Hechos 2:44, 45	Hechos 2:47
Hechos 4:32-35	Hechos 5:14, 16
Hechos 6:1-3	Hechos 6:7, 8
Hechos 10:2, 22	Hechos 10:44-48
Hechos 11:29	Hechos 12:20-24

La reconciliación en el mercado quedó establecida como un estilo de vida (Hechos 2:44-47). Este es el sencillo relato de cómo los nuevos creyentes compartían sus posesiones con los necesitados. Cuidar de los menos afortunados era parte del estilo de vida de los primeros creyentes, incorporando la reconciliación del mercado al ADN de la iglesia desde sus mismos comienzos.

La reconciliación en el mercado se vio amenazada por un mal interno (Hechos 4:32-5:16). Aquí tenemos otro ejemplo de la relación causa-efecto que existe entre el compartir con los necesitados y el que se añadieran nuevos convertidos. En este pasaje, se presenta un contraste entre Bernabé, que dio correctamente (véase Hechos 4:36, 37) y

Ananías y Safira, que se equivocaron (véase Hechos 5:1-10).

Estudiar estos pasajes como parte de un proyecto mayor me ayudó a comprender por qué Dios fue tan severo con Ananías y Safira. Si fuera a caerse muerta cada persona que ha mentido (o guardado algo que le había prometido a Dios), yo no estaría escribiendo este libro ni ustedes lo estarían leyendo. Nosotros también estaríamos muertos. El juicio fue tan terminante en este caso porque marido y mujer estaban a punto de corromper el generoso fluir de actos de misericordia que producían reconciliación en el mercado.

Trataron de introducir un concepto que hoy en día es respetado, pero que en la atmósfera de avivamiento de la iglesia primitiva era totalmente inaceptable. El sentimiento popular dice algo como: *Mi riqueza es mía. Si existen iniquidades sociales, no es problema mío. No tengo ninguna responsabilidad por las necesidades de los demás*. Comparemos esta creencia egoísta con Hechos 4:32-35:

> Y la multitud de los que habían creído era de un corazón y un alma; y ninguno decía ser suyo propio nada de lo que poseía, sino que tenían todas las cosas en común... y abundante gracia era sobre todos ellos. Así que no había entre ellos ningún necesitado; porque todos los que poseían heredades o casas, las vendían, y traían el precio de lo vendido, y lo ponían a los pies de los apóstoles; y se repartía a cada uno según su necesidad.

Es en este contexto que acontecieron las muertes de Ananías y Safira. Y una vez que estos dos fueron quitados, los que creían "aumentaban más, gran número así de hombres como de mujeres" se añadían a la iglesia (Hechos 5:14).

Cuidar de los necesitados no es algo pequeño en lo que a Dios concierne, e interferir con tales esfuerzos es una seria ofensa.

La reconciliación del mercado estaba amenazada por la insuficiencia (Hechos 6:1-7). En este pasaje el crecimiento se veía amenazado por un motivo de queja que comenzaba a brotar: "Hubo murmuración de los griegos contra los hebreos... porque las viudas de aquellos eran desatendidas en la distribución diaria" (Hechos 6:1). De modo que los doce convocaron a la gente y pidieron que fueran elegidos siete hombres para ocuparse de lo que aparentemente era un problema de provisión y demanda en relación a la distribución de alimentos. Tradicionalmente, se ha entendido que los que fueron elegidos llegaron a ser los primeros diáconos y que servían las mesas. Ninguna de estas creencias puede sostenerse por este pasaje. La palabra "diácono" no aparece en ningún lugar en este capítulo, además sabemos que los hombres no fueron elegidos para servir las mesas personalmente por tres razones: (1) en cuanto los discípulos les impusieron las manos, dos de ellos salieron a desarrollar ministerios dinámicos muy absorbentes; (2) no existe ningún registro de que sirvieran las mesas; y (3) hubiera sido físicamente imposible que solo siete hombres sirvieran mesas para un grupo de varios miles.

Estos siete muy probablemente hayan sido elegidos por su experiencia en los negocios, y en cuanto fueron ungidos para la tarea, "crecía la palabra del Señor, y el número de los discípulos se multiplicaba grandemente en Jerusalén" (Hechos 6:7). Yo creo que la mención de Jerusalén inmediatamente después de la elección de los siete es una referencia al hecho de que la queja descripta en el versículo 1 había amenazado con extenderse allí. Gracias a los siete elegidos, el asunto dejó de ser un problema.

Los líderes abrieron la iglesia a los gentiles (Hechos 10:2, 22, 44-48). Los acontecimientos de Hechos 10 precipitaron lo que era en ese momento el mayor cambio de paradigma de la iglesia emergente. El apóstol Pedro, un hombre de negocios, estaba parando en la casa de otro hombre de negocios, Simón el curtidor, cuando recibió una visión del Señor. Al día siguiente Dios utilizó aquella visión para convencer a Pedro de reuniese con Cornelio, un hombre gentil, oficial de alto rango militar del ejército romano que controlaba Judea. De hecho, los romanos eran los amos y los judíos, sus esclavos. Sin embargo, Dios eligió a un líder como Cornelio para cerrar esa brecha porque poseía dos poderosas características que se requieren para la reconciliación: Primero, daba limosnas para los pobres entre los judíos, un gesto extremadamente inusual de parte de un romano; segundo, se arrodilló delante de Pedro, una señal de gran humildad. Los mensajeros de Cornelio se refirieron a su buena reputación entre los judíos y su carácter piadoso para convencer a Pedro de que debería acompañarlos (véase el v. 22).

Pedro los acompañó y después de predicar el evangelio, toda la casa de Cornelio y sus amigos cercanos conocieron al Señor y recibieron al Espíritu Santo (véanse los vv. 44-48). Este acontecimiento tan extraordinario, es decir el derramamiento del Espíritu sobre la casa, llevó a que otros apóstoles comprendieran que los gentiles también eran bienvenidos en la iglesia (véase Hechos 11:18). Para proclamar esta revelación trascendental Dios utilizó a tres líderes del mercado, uno de ellos era reconocido en toda la nación por su compasión por los pobres.

La injusticia del mercado fue juzgada (Hechos 11:27-30; 12:20-25). La recién establecida iglesia en Antioquía fue advertida por un profeta de una gran hambre que vendría sobre Judea. Inmediatamente levantaron una ofenda y la enviaron con Bernabé y Saulo a los hermanos de Judea.

Mientras tanto, la iglesia en Jerusalén y Judea estaba atravesando una dura prueba. Pedro y Jacobo habían sido arrestados. El primero había sido liberado por un ángel y el segundo había muerto a filo de espada. La influencia maligna detrás de esta persecución era Herodes, que también estaba enojado con la gente de Tiro y Sidón. Estos pueblos habían enviado una delegación de paz porque el país de Herodes alimentaba su nación. La situación debe haber sido crítica porque el hambre ya se sentía. Si Herodes estaba enojado con Tiro y Sidón, podemos suponer que él les estaba reteniendo los alimentos.

Un día, Herodes pronunció un discurso, según parece con tanto orgullo que un ángel del Señor lo fulminó. Vemos aquí la misma dinámica que operó en el caso de Ananías y Safira. Al parecer Herodes se consideraba igual a un dios, con autoridad decisiva sobre qué hacer con el alimento en tiempos de hambre, y Dios lo juzgó severamente. Aunque no se expresa explícitamente, dado el contexto, todo parece indicar que Herodes murió porque le estaba reteniendo los alimentos a la gente en tiempos de hambre. Cuando fue quitado del medio, el evangelio continuó su expansión y Bernabé y Saulo pudieron completar su misión (Hechos 12:24, 25). ¿Cuál era su misión? La de traer alivio a aquellos afectados por el hambre. La correlación entre la ayuda a los necesitados y el crecimiento de la iglesia resulta evidente.

La marca característica de un apóstol

En estos pasajes encontramos una correlación directa entre el cuidado de los necesitados y el gran número de personas que llegaban al Señor. El cuidado de aquellos que están en necesidad es la expresión tangible de la intangible reconciliación que debe darse entre los que tienen y los que no tienen. Este asunto era tan fundamental en las actitudes y las prácticas de la iglesia primitiva que cuando Pablo fue a Jerusalén para defender su apostolado, Pedro, Jacobo y Juan le dieron una sola recomendación: "Acuérdate de los pobres" (Gálatas.2:10), algo que Pablo cumplía con gusto. Es fascinante que esta haya sido la única recomendación, una especie de prueba de validez: Si eres un apóstol, debes cuidar de los pobres. Muchos de los tal llamados apóstoles no pasan esta prueba hoy en día. Esto es coherente con lo que dijo Pablo en su discurso de despedida a la iglesia en Éfeso.

> Antes vosotros sabéis que para lo que me ha sido necesario a mí y a los que están conmigo, estas manos me han servido. En todo os he enseñado que, trabajando así, se debe ayudar a los necesitados, y recordar las palabras del Señor Jesús, que dijo: Más bienaventurado es dar que recibir (Hechos 20:34, 35).

Pablo destacó dos puntos importantes: Primero, debemos cuidar de los necesitados, acorde a su ejemplo apostólico; segundo, es aceptable trabajar fuerte en nuestra profesión secular mientras se está "enseñando públicamente y en las casas" (Hechos 20:20; NVI). Pablo debe haber trabajado muy intensamente como fabricante de carpas para proveer para sí mismo, para su equipo y para los necesitados con los que se encontraran. ¡Son muchas personas, y deben haber sido muchas carpas!

La necesidad de los encuentros de poder

Los encuentros de poder merecen ser mencionados. Los líderes de la iglesia primitiva eran líderes del mercado que combinaban su experiencia allí con el nuevo poder espiritual que habían conocido para lograr la reconciliación entre aquellos que tenían mucho y aquellos que tenían poco o nada. Lo hicieron no solamente a través de una extrema generosidad sino también por medio de encuentros de poder.

La tendencia tradicional de la gente de negocios que es cristiana ha sido utilizar la caridad para aliviar iniquidades e desigualdades en el mercado, pero rara vez se han empleado señales y maravillas para transformar la causa espiritual y las consecuencias que estos problemas provocan en el mercado.

La iglesia ha realizado señales y maravillas para cambiar las vidas de individuos, pero rara vez la de las instituciones. Es por esto que creemos en personas de negocios cristianas pero todavía no creemos en los negocios cristianos. El axioma es que los cristianos pueden sobrevivir en los negocios, pero que nunca podrán cambiar las estructuras de impiedad y la atmósfera del mercado que les genera tantos problemas. Muy a menudo las prácticas de negocios con las que nos encontramos son tan malvadas y contrarias a Dios que nos sentimos impotentes para hacer algo que logre algún cambio en el mercado. Es aquí donde las señales y las maravillas pueden ser de mucha ayuda.

Como ya dijimos, el libro de Hechos registra numerosos ejemplos de encuentros de poder en el mercado que dieron como resultado un cambio tangible. Las razones para esto son muchas. Una es que el mercado es el corazón de la ciudad y la iglesia primitiva estaba enfocada en alcanzar la ciudad. Otra es que el mercado exhibía pruebas tangibles de maldad, maldad institucional, como se evidencia en la explotación de los débiles y necesitados.

Una tercera razón es que la maldad sobrenatural, a menudo expresada a través de la idolatría, se encontraba arraigada en el mercado y utilizaba su posición para ejercer control espiritual sobre ciudades y regiones enteras, como en el caso de Éfeso (véase Hechos 19:11-27). Por este motivo es de crucial importancia que la iglesia hoy en día vea al mercado como una ciudadela del enemigo que debe conquistarse para desplazar su control a través de señales y maravillas.

Mi amigo y colega Rick Heeren está abriendo camino en este sentido. Ha desarrollado un método bíblico para introducir las señales y maravillas al mercado. Su próximo libro, provisoriamente titulado *Marketplace Christian* [Cristiano del mercado], captura la esencia de este muy necesitado énfasis.

Los líderes del mercado son excelentes líderes de la iglesia

Pablo designó ancianos poco tiempo después de plantar una iglesia en la ciudad, y los eligió entre convertidos relativamente nuevos. Es notable que a estos ancianos les fuera tan bien, incluyendo a aquellos que habían sido designados en ciudades en las que existía feroz persecución. Muy probablemente Pablo los había elegido de entre aquellos que ya ocupaban posiciones de liderazgo en el mercado. Al acercarse el último y gran avivamiento, debemos enviar al noventa y nueve por ciento de la iglesia que ya vive y trabaja en el mercado para que opere allí en el poder del Espíritu Santo. Cuando cada persona "laica" pueda ver su lugar de trabajo como los pastores ven a sus congregaciones, entonces, fluyendo en el poder del Espíritu Santo, podrán transformar sus oficinas y estaciones de trabajo en cabezas de playa. Además, su liderazgo comprobado y experimentado llevará a un nivel más alto los proyectos para alcanzar ciudades.

El libro de Rich Marshall, *God@Work* [Dios en el trabajo], es un tratado desafiante sobre la necesidad de derribar este muro que por largo tiempo ha obstaculizado la misión de la iglesia. Creemos tan fuertemente en la necesidad de que se active expeditivamente este

paradigma que en cada proyecto para alcanzar ciudades del que participamos, Marshall y Heeren son parte integral del equipo.
Me resulta espiritualmente estimulante ver cómo hombres y mujeres reciben la unción de Dios para llevar el reino de Dios a su lugar de trabajo. ¡Sigamos en este rumbo hasta que su reino venga a la ciudad con poder!

Paradigma 17
El Espíritu del Señor derramado sobre toda carne

> Y en los postreros días, dice Dios, derramaré de mi Espíritu sobre toda carne, y vuestros hijos y vuestras hijas profetizarán; vuestros jóvenes verán visiones, y vuestros ancianos soñarán sueños; de cierto sobre mis siervos y sobre mis siervas en aquellos días derramaré de mi Espíritu, y profetizarán. Y daré prodigios arriba en el cielo, y señales abajo en la tierra, sangre y fuego y vapor de humo; el sol se convertirá en tinieblas, y la luna en sangre, antes que venga el día del Señor, grande y manifiesto; y todo aquel que invocare el nombre del Señor, será salvo (Hechos 2:17-21).

Este paradigma representa el cumplimiento de la profecía de Joel citada por Pedro durante el primer mensaje de la era de la iglesia. Este mensaje anuncia el derramamiento del Espíritu de Dios sobre toda carne, es decir, sobre la población entera del mundo. Esto significa que el espíritu de Dios se derramará sobre cada persona en nuestra ciudad. ¡Es impresionante!
El enfoque de este derramamiento universal es evangelístico, ya que concluye con la afirmación: "Todo aquel que invocare el nombre del Señor, será salvo" (Hechos 2:21). Más evangelístico que eso no existe, el Espíritu de Dios toca a cada persona y todo aquel que invoca al Señor es salvo y se une a una comunidad de personas transformadas.
Jim Munson me describió dos imágenes contrastantes de la iglesia, y yo quisiera transmitirlas. Primero, veamos el ejemplo bíblico:

Todos los creyentes estaban juntos y tenían todo en común. Vendían sus propiedades y bienes y repartían a todos los que tuvieran necesidad. Cada día se reunían en los atrios del Templo. Partían el pan en las casas y comían juntos con alegría y sencillez de corazón, alabando a Dios y disfrutando del favor de todo el pueblo. Y el Señor les añadía cada día aquellos que eran salvos (véase Hechos 2:44-47).

Ahora consideremos lo opuesto al modelo bíblico:
Todos los creyentes se mantenían distanciados y tenían pocos intereses en común. Se aferraban a sus propiedades y bienes, y trataban de evitar a todo el que tuviera necesidad que pudiera aprovecharse de ellos o tomar lo que por derecho les pertenecía. Se reunían en la iglesia los domingos y en alguna ocasión especial. Comían en sus casas con oración ritual y falsa alegría, sonriendo por fuera pero llenos de queja y descontento por dentro, olvidándose de alabar o agradecer a Dios y sin tener el favor ni el respeto de otras personas. Y *el Señor no tenía ningún motivo para añadirles más personas.*
Tenemos estas dos opciones delante de nosotros. ¡Alabado sea el Señor! Él ha prometido derramar de su Espíritu sobre toda carne para que multitudes sean transformadas en estos últimos días, primero en la iglesia y luego en la ciudad.
La profecía de Joel también predice total reconciliación entre todas las personas. Ancianos y jóvenes, varón y mujer, esclavo y libre, todos ministrando en unidad y trabajando en armonía. Esto a su vez, hace posible la llenura del Espíritu en la iglesia, de manera que el Espíritu de Dios se derrame hacia afuera para tocar a toda carne. Cuando esto suceda, el reino de Dios estará en evidencia en todo el mundo. ¡Entonces el regreso de Jesús será inminente!

CAPÍTULO 9

¿Y AHORA, HACIA DÓNDE VAMOS?

En un viaje de mil seiscientos kilómetros el paso más importante es el primero. Nada más acontecerá hasta que no se dé ese primer paso.

Rodeado de cientos de miles de esclavos asustados, Moisés recorrió el Mar Rojo con su mirada. El feroz ejército de Faraón se aproximaba por detrás a distancia visible, avanzando rápidamente. Moisés debía tomar una decisión. Regresar sería suicida, pero ir hacia adelante parecía imposible. Sin embargo, la única dirección viable era continuar hacia adelante.

Al contemplar el Mar Rojo, Moisés sabía que podía mirar la orilla opuesta y dejarse abrumar por la distancia, o buscar un lugar en el que plantar sus pies en la orilla cercana. Eligió esto último y el mar se abrió, y en poco tiempo, Moisés y su gente se encontraban a salvo en la otra orilla mientras que el ejército de Faraón se ahogaba en las aguas del mar.

En un viaje de mil seiscientos kilómetros el paso más importante es el primero. Nada más acontecerá hasta que no se dé ese primer paso. Si somos pastores, ¿cómo hacemos para activar un estancado proyecto para alcanzar a la ciudad? ¿O cómo podemos comenzar uno si todavía no se ha iniciado? En *That None Should Perish* [Que ninguno perezca] se provee una guía general en la que sugiero estos seis pasos, que deben realizarse en el correspondiente orden:

1. *Establecer el perímetro de Dios* reuniéndose regularmente con otros líderes que tengan la misma visión y pasión. Comenzar a orar juntos.
2. *Asegurar el perímetro de Dios* tratando dentro del microcosmos de esta reunión, cada problema que afecta a la iglesia y a la ciudad (racismo, intolerancia, egoísmo, enojo). Abundar en actos proféticos para exponer las

mentiras del maligno y destruir la capa de inmutabilidad con las que ha cubierto esas mentiras.

3. *Expandir el perímetro de Dios* acercándose a otros que Dios haya tocado mientras se estaban realizando los pasos 1 y 2. Esto incluye a los intercesores, la juventud y los líderes del mercado, además de otros pastores.
4. *Invadir el perímetro de Satanás* lanzando faros de oración. Esto se extenderá sobre todo lo que los pastores y líderes hayan desarrollado en determinada parte de la ciudad. Sugiero que esto se realice de manera coordinada y arrolladora. El objetivo debe ser orar por cada persona de la ciudad de manera regular.
5. *Atacar y destruir el perímetro de Satanás* utilizando el ejercicio de una semana de duración que se describe en este libro.
6. *Establecer el perímetro de Dios en donde solía estar el de Satanás,* identificando la más desagradable marca del diablo sobre la iglesia y borrándola a través de un acto profético que exprese el rasgo o la consecuencia *opuestos.*

En Resistencia, Chaco, claramente la marca de Satanás era la desconfianza y la división, los pastores eligieron realizar una ceremonia de bautismo unificada para recién convertidos. Esta reunión se llevó a cabo en un estadio cubierto en el que los pastores habían colocado piscinas portátiles de manera tal que se formara una cruz. Las demás personas se acomodaron en las tribunas mientras que los nuevos convertidos se paraban al lado de las piscinas con los pastores de la ciudad. Después de una oración inicial declarando su alianza a Jesucristo, los nuevos creyentes fueron bautizados por la *única* iglesia de la ciudad: ¡la iglesia de Jesucristo!

Estos pasos funcionan y su validez ha sido demostrada. Sin embargo, hemos aprendido mucho más acerca de este proceso desde aquel primer libro, especialmente en lo que tiene que ver con reactivar un estancado proyecto para alcanzar a la ciudad.

La capacidad contrapuesta al compromiso

Una persona muy *capaz* por lo general tiene un *compromiso* mucho menor en lo que respecta a participar de algo nuevo si el asunto se encuentra fuera de su área inmediata de incumbencia o don. Es habitual que los pastores y las congregaciones con mayores recursos y las personas más talentosas tengan menor voluntad para asumir un compromiso sustancial para alcanzar a la ciudad, salvo que este proyecto sea o se convierta en una extensión de algo que ellos *ya* estaban realizando. La razón es que tienen sus propios programas y no pueden distraerse por demasiado tiempo de ellos.

Esta actitud no es nueva. Lo vemos cuando los pastores sienten que *tienen que* hacer juntos algo que no es parte de sus programas, por ejemplo, una cruzada en la ciudad con un prestigioso evangelista. Cuando los pastores se presentan para la reunión de planificación, la pregunta tácita es la misma: *¿Cuál es la mínima inversión que podemos hacer en el menor tiempo posible para lograr el máximo rédito?* Una de las razones de esto es que el encuentro en cuestión no es central en los programas de los que sus congregaciones participan activamente.

Para ser eficientes al tratar con la tensión que existe entre capacidad y compromiso, es preciso tener la certeza de que Dios nos ha llamado a hacer algo por la iglesia y para la ciudad y que *lo debemos hacer*, sin tomar en cuenta si hemos de cosechar algún beneficio personal o ministerial. Esto requiere un extraordinario cambio en la manera de pensar ya que se contrapone a todo lo que se nos ha entrenado a hacer y a lo que hemos hecho en el pasado.

Si hemos sido elegidos para determinada tarea, hagamos todo lo que Dios nos mande hacer, sin tomar en cuenta cómo calificamos para ello de acuerdo a nuestra capacidad. No seremos los únicos que comienzan en un nivel de capacidad bajo. El ejército de David no estaba conformado por graduados de una escuela militar. En su mayoría eran inadaptados sociales; pero como estaban *totalmente comprometidos* con David, lo llevaron hasta el trono de Israel.

El punto principal es este: Líderes, aprovechen a los que demuestran compromiso, porque el compromiso es una actitud voluntaria que no se puede imponer, mientras que la capacidad es un conjunto de habilidades que se pueden enseñar.

La cohesión en contraposición a la inclusión

Cuando se lanza un proyecto para alcanzar a una ciudad, la tendencia es la de incluir la mayor cantidad de personas que sea posible, en lugar de comenzar con aquellos pocos que tienen un alto grado de cohesión respecto al propósito y a la estrategia. Existe una natural tensión entre cohesión e inclusión.

Cohesión es la cualidad que produce "la atracción molecular por la que las partículas de un cuerpo están unidas". Una definición menos sofisticada para cohesión sería "la capacidad de permanecer juntos". La inclusión es la intención "de participar en algo o constituir parte de un todo".

La tendencia hacia la inclusión y la necesidad de cohesión crean una tensión que debe resolverse y no existe ninguna fórmula mágica. Sin embargo, es un error incluir demasiado pronto tantos pastores como sea posible. Si de inmediato subimos abordo a cada pastor de la ciudad, tendremos cien por ciento de inclusión pero prácticamente cero por ciento de cohesión porque la mayoría de ellos tendrán agendas diferentes.

La acción más sabia, al comienzo, es resistir el impulso de generar inclusión. Y buscar cohesión sin convertirnos en exclusivistas. Esto debe hacerse hasta que el perímetro de Dios se encuentre firmemente establecido y asegurado. Luego podemos buscar la inclusión al expandir el perímetro de Dios (véase el paso 3). Sin embargo, para que sea exitoso, debemos tener en cuenta estos cuatro aspectos:

- *Dios no acata el voto de la mayoría.* Dios no requiere que una mayoría esté de su lado para actuar. De hecho, vez tras vez, Dios apoyó a una sola persona *si* esa persona se sometía a Él y tenía la disposición de servir a otros. La Biblia provee muchos ejemplos de cómo Dios cambió la vida de muchos a través de la vida de una sola persona (Abraham, José, Moisés). En Apocalipsis, Jesús dice siete veces: "El que tenga oídos, oiga lo que el Espíritu dice a las iglesias". Una sola persona es suficiente para Dios, aun cuando esa persona escuchara con solo la mitad de su capacidad natural.

- *Las fortalezas son muy vulnerables.* Las fortalezas espirituales sobre la ciudad son mucho más vulnerables de lo que parecen. Son como el zepelín de Goodyear que flamea sobre el estadio durante los partidos de fútbol, se ve imponente e indestructible, pero ¿cuántos agujeros se necesitan para bajarlo? Uno solo. De la misma manera, un enorme dique como el Grand Coulee Dam, con sus billones de toneladas de concreto reforzado, parece invulnerable; pero una pequeñísima rajadura lo tornaría inútil *inmediatamente.*
- *Los actos proféticos son muy poderosos.* El grupo de pastores que implemente los pasos 1 y 2 puede quebrantar cada fortaleza en la ciudad a través de los actos proféticos realizados dentro de la cabeza de playa recién establecida. Por favor observemos, dije *quebrantar* y no *derribar*. Esto ocurrirá más adelante en el paso 3. Aquí es donde los actos proféticos tienen un rol decisivo.
- *Las asociaciones ministeriales tienen limitaciones.* En general, la asociación de ministerios no es el mejor vehículo para un proyecto para alcanzar ciudades. Estas asociaciones necesitan mantener una amplia base de intereses y actividades relacionadas que dificultan el desarrollo de la cohesión alrededor de un único enfoque, tal como se requiere para alcanzar ciudades. Sin embargo, no deben desecharse las asociaciones de ministerios, mucho menos socavarlas, ya que tienen un importante rol en la ciudad ahora y la tendrán *aun más* en el futuro. Los grupos deben ser parte; pero a la vez, es preciso lograr un foro más cohesivo para desarrollar un prototipo para alcanzar ciudades.

Esto es lo que sugiero que se haga para resolver la tensión entre la cohesión y la inclusión:
Solicitar permiso para establecer un departamento para alcanzar ciudades/evangelismo de oración *dentro* de la asociación ministerial. Asegurarle al liderazgo ministerial que se seguirán apoyando las actividades regulares de la asociación. Es muy importante contar con su cobertura espiritual, o al menos con su bendición.
Definir los objetivos, las metas y la estrategia para el nuevo departamento para cumplir estrictamente con los lineamientos del evangelismo de oración. Debemos invitar a participar a todos, pero solo aquellos que suscriben a los objetivos deben adherirse. En otras palabras, se tiene que establecer una tranquera angosta y construir un corral grande detrás de ella. Utilizar lo angosto de la tranquera para atraer principalmente a personas que muestren un alto grado de cohesión y compromiso.
Que parte de la estrategia del equipo para alcanzar ciudades sea orar juntos *semanalmente*. El compromiso de estar *juntos* además de estar *unánimes* deberá ser una característica de aquellos que se adhieren. Orar juntos semanalmente posee al menos tres efectos positivos: Primero, los atalayas en el muro ayudarán a mejorar el clima espiritual; segundo, provee una fuente de apoyo en oración para todas las actividades de la asociación ministerial, logrando que sean más exitosas; tercero, nos establece a nosotros y a nuestro equipo como los constructores del escudo de oración sobre la ciudad, lo que resultará altamente estratégico cuando decidamos expandir el perímetro (paso 3).

Siete pasos para maximizar la cohesión

Una vez completado el trabajo de cimientos descripto arriba, sugiero un proceso de siete pasos para producir la cohesión que será necesaria para movilizar a la iglesia en la ciudad.
Para poder comprender en qué medida una parte pequeña puede atraer a la totalidad, sugiero realizar este sencillo ejercicio de física: Tomar diez mondadientes y romper nueve de ellos en pedazos más

pequeños, dejando intacto el décimo. Luego, dejarlos caer al azar en una fuente con agua. Después de un tiempo volverlos a observar. Se hallará que los pedazos más pequeños se han amontonado alrededor del más grande, directa o indirectamente. ¿Cómo sucedió esto? La masa mayor del palillo más grande proveyó la suficiente fuerza de atracción para que las más pequeñas se arrimaran. Esto es lo que el ejercicio que estoy por proponer intenta lograr. Para tener suficiente masa como para atraer a las otras partes, no es preciso ser más grande que la totalidad; solo tenemos que ser más grandes que cada parte individual.

Los siete pasos sugeridos abajo son muy simples. No permitamos que su simpleza nos lleve a subestimar su potencial para establecer un vórtice de cohesión en nuestra ciudad. Todos los que componen el grupo de líderes que ora junto deben realizar estos pasos. Tendrán que rendirse cuentas entre los miembros del grupo, y registrar el progreso individual semanalmente para asegurarse de que todos estén avanzando en simultáneo.

Paso 1: Comenzar a orar por los vecinos. Hacerlos parte de nuestro rebaño. Aplicar los cuatro pasos mencionados en Lucas 10 y desarrollados ampliamente en el capítulo 2. Una vez que lo hayamos hecho, hablaremos de esto en nuestros sermones, en consejería, en la clase de escuela dominical y en las conversaciones personales. El evangelismo de oración se hará parte de nuestra filosofía de ministerio, y la gente finalmente imitará nuestro ejemplo.

Paso 2: Que nuestra familia participe con nosotros. Transmitamos los principios de evangelismo de oración a nuestra esposa, esposo e hijos. Hagámoslo de un modo interesante y ameno. Escribamos los nombres de las personas por las que estemos orando como familia. Coloquémoslos en un recipiente y durante las comidas cada uno tome un nombre, ore por esa persona y coloque el nombre en un segundo recipiente hasta que hayan orado por todos. Repitan el procedimiento diariamente.

Paso 3: Conseguir el apoyo de las personas que tenemos a cargo en la iglesia. Me refiero al personal remunerado del que disponemos:

colegas, recepcionistas, personal de maestranza. Como son *nuestros* empleados podemos definir su trabajo. Expliquémosles los principios y pidámosles que tomen la tarea como parte de su responsabilidad laboral. Reunámonos con ellos semanalmente para monitorear su progreso.

Paso 4: Animemos a nuestros empleados a incluir a sus familias. Reunámonos con ellos en grupo animándolos a que traigan a sus familias para mostrar cómo se está llevando a cabo.

Paso 5: Invitemos al personal no remunerado a participar. Este es el grupo que generalmente estará de nuestro lado, suceda lo que suceda. Este grupo incluye a los ujieres, maestros de la escuela dominical, ayudantes del área de estacionamiento. Ellos son los que sirven sin recibir un sueldo porque nos aprecian. Será fácil lograr que participen.

Paso 6: Incluir a las familias del personal no remunerado como hicimos en el paso 4. A esta altura debería participar cada persona que pertenece al liderazgo de la congregación como también sus familias inmediatas para desarrollar el modelo de evangelismo de oración.

Paso 7: Todos los pastores de nuestro grupo deberían reunir a sus congregaciones para tener un tiempo de testimonio y celebración. Destaquemos cada faro de oración en un mapa mural para que la audiencia pueda verlos. También, imprimamos copias individuales de ese mapa. Destaquemos los testimonios más notorios, y también demos lugar a los que son más sencillos. Hagamos hincapié en la cantidad de perdidos por los que se está orando con regularidad en la ciudad. Luego incorporemos nuevos reclutas.

Para cuando lleguemos al paso 7, tendríamos que haber logrado óptima cohesión en nuestro grupo. Ahora es el tiempo de avanzar hacia la inclusión extendiéndonos hacia el resto de los pastores y líderes de la ciudad con un prototipo que sea tanto tangible como fácil de duplicar. Volviendo al ejemplo de la física, el grupo que se ha conformado debería tener suficiente masa como para atraer a la iglesia de la ciudad.

Beverly Jaime, de Cathedral of Faith [Catedral de la fe] en San Jose, California, ha desarrollado el mejor kit de entrenamiento como ayuda para avanzar en el desarrollo de los siete pasos aquí mencionados. En Evangelismo de Cosecha, hemos desarrollado un par de aceleradores que pueden ayudar a expeditar este proceso. Una manera de acelerar el programa es enviar un equipo a la Argentina para participar de uno de nuestros programas de entrenamiento de verano u otoño, en los que enseñamos cómo se alcanza una ciudad haciendo precisamente eso, *alcanzando una ciudad*. Ha demostrado ser tan efectivo que en todas las ciudades en las que estamos trabajando, hay en la actualidad al menos una persona en liderazgo que ha participado de uno de estos programas.

Otra manera de aligerar el proceso es asistir a una de nuestras City Reachers Schools [Escuelas para alcanzar ciudades]. O quizás, considerar la posibilidad de solicitar que realicemos una en la ciudad de ustedes. Estas escuelas incorporan el lanzamiento de los faros de oración durante tres días, a través de la radio, que se menciona en este libro. El mejor momento para convertirse en una cede de la Escuela para alcanzar ciudades es inmediatamente después del paso 7, a partir de allí la escuela puede expandir el perímetro despertando al resto de la iglesia para que vean lo que está sucediendo en el grupo que se ha conformado en la ciudad.

Resolver tensiones

Mientras el proyecto para alcanzar ciudades avanza hacia la inclusión, el éxito del esfuerzo dependerá mayormente de la resolución de las tensiones naturales que se produzcan en los diferentes frentes. Es necesario comprender que no debemos eliminar esas tensiones, más bien, aprovecharlas para lograr empuje para avanzar, como sucede con la tensión que se da entre la vela y el timón en un barco a vela. Al darle el ángulo correcto a la vela y al timón, el piloto logra transformar la tensión en el empuje que impulsa el velero a través de los vientos contrarios.

La fórmula 5-15-80

C. Peter Wagner ha observado que solo un cinco por ciento de las personas de la iglesia son visionarias, es decir, individuos capaces de *ver lo invisible.* Otro quince por ciento son implementadores que pueden llevar a cabo la visión con una cuota mínima de asistencia. El otro ochenta por ciento necesita un programa que los guíe en el paso a paso del procedimiento. El escuchar una descripción abstracta de la visión no les despierta ningún interés porque no logran verlo. Sin embargo, cuando la visión se traduce en algo planificado o en un programa, ellos son capaces de implementarlo sin ninguna dificultad.

Dado que las personas que necesitan un programa constituye la mayoría, es importante entender que tarde o temprano la tendencia suele ser ubicarlas en cargos de liderazgo. Si esto se lleva a cabo demasiado pronto o de manera tal que desplace a los visionarios del timón, el *proceso* se degenerará en un simple *programa* y pronto morirá. La clave para resolver esta tensión es mantener a los visionarios en el puente de mando y a los implementadores en la sala de máquinas. Ambos han sido equipados por Dios de manera única. Conectarlos y tenerlos en los lugares en los que logran mayor efectividad es la clave del éxito para el proyecto de alcanzar a la ciudad.

La tensión entre iglesias locales y ministerios paraeclesiales

Los ministerios paraeclesiales generalmente están más enfocados que las iglesias locales en alcanzar a los perdidos. Generan un grado de enfoque e inspiran un sentir de urgencia a los proyectos a nivel ciudad que los hace altamente efectivos a la hora de ayudar a poner en marcha el proceso. Por otra parte, la capacidad de sostener un proyecto para alcanzar la ciudad dependerá enteramente de las iglesias locales. Muy a menudo, existe una historia de tensiones, heridas profundas y desconfianza entre las congregaciones y ministerios paraeclesiales en una ciudad.

Será de ayuda comprender que ni "iglesia local" ni "ministerio paraeclesiástico" son términos bíblicos. Aquello que nosotros llamamos iglesia local no es una iglesia sino una congregación local que, juntamente con muchas otras, conforma la iglesia en la ciudad. Y una paraeclesial (fuera de la iglesia) es un nombre poco apropiado ya que ningún ministerio cristiano puede operar fuera de la iglesia. Sugiero que ambos apelativos se dejen de utilizar. Los grupos paraeclesiales podrían llamarse "ministerios de siervos", y a las iglesias locales se las podría llamar "congregaciones locales". Ambas son expresiones válidas de la iglesia. Debe haber reconciliación entre ambos campos; tienen que sentarse a la misma mesa como pares, ya que ambos son igualmente importantes para el proyecto de alcanzar la ciudad. Además, ambas partes necesitan estar en mutua sumisión y tener amplitud de espacio para operar dentro de los dones que les son particulares.

Toda empresa necesita un hombre de guerra y un hombre de paz. Los tal llamados ministerios paraeclesiales cumplen con el perfil del primero; las iglesias locales, con el del segundo. Dejemos que los ministerios de siervos tengan la delantera, tomando por asalto el campo del enemigo como el grupo de avanzada de una iglesia que marcha, en lugar de como bandas de guerrilla desconectadas. Y permitamos que las congregaciones locales avancen detrás de ellos para establecerse en la nueva frontera. Cuanto más rápidamente se resuelva esta tensión, más pronto podrá la iglesia pelear una guerra de ofensiva y defensiva coordinadas.

La tensión entre la unidad programática y la unidad orgánica

En la ciudad existen muchos programas provechosos que logran generar unidad alrededor de un programa, tales como cruzadas, conciertos de oración o campañas de visitación puerta a puerta. Dado que la unidad que generan se centra en un programa y es inevitablemente pasajero, estos programas pueden representar una amenaza a la clase de unidad profunda que se necesita para operar como una iglesia en la ciudad. Sin embargo, no debemos despreciarlos ni oponernos a ellos. Al participar tendremos oportunidad de anunciar a otros lo que Dios está haciendo en y a través de nosotros, y esto a su vez, puede generar mayor interés en los demás y finalmente su participación en el programa para alcanzar a la ciudad. Sin embargo, es importante tener cuidado de que estos encuentros no sobrecarguen la agenda al punto de sofocar a todo el resto.

En general, las masivas cruzadas evangelísticas tienen el potencial de frenar los proyectos para alcanzar ciudades por dos motivos: (1) cuando finalizan, dejan la falsa impresión de que ya se ha cumplido con el evangelismo, y (2) desgasta los recursos humanos y financieros de la iglesia a tal punto que se necesitan un mínimo de dos años para su recuperación.

Si esta cruzada fuera inevitable, es una buena idea incorporar el evangelismo de oración y los faros de oración *al comienzo* y hacerlo temprano durante la planificación pre-cruzada. Esto incrementará la cobertura de oración para la cruzada y movilizará a la iglesia a acercarse a los perdidos. Ambas iniciativas son muy apreciadas por los evangelistas, de manera que ellos seguramente se alegrarán con esta sugerencia.

La tensión entre los roles pastorales y los roles apostólicos

Los pastores son los guardianes de la ciudad, y deben asumir dos funciones: una función pastoral, hacia las congregaciones que lideran; y una función apostólica hacia el programa en el que están involucrados para alcanzar la ciudad. Es muy importante que sepan cuándo les corresponde cada función. Cuando se reúnan los pastores involucrados en el proyecto, el principio deberá ser establecer qué es lo conveniente para la iglesia en lugar de para sus congregaciones independientes. Si esto no se cumple, lo que se obtendrá será una cooperativa espiritual, en la que los socios invierten únicamente con el fin de obtener algún rédito personal.

Ray Stedman, el su libro clásico *Body Life* [Vida del cuerpo], escribe sobre dos listas bíblicas de dones: Romanos 12 y 1 Corintios 12 describen "*dones dados a las personas* de la iglesia", mientras que Efesios 4 habla de "*personas con dones* dados a la iglesia". La diferencia principal es que una persona con una función como la de Efesios, incluyendo la función de apóstol, posee un don dado no a una congregación específica, sino a la iglesia *en su totalidad*. Las veces que el grupo organizador se reúna, debe operar como un grupo de Efesios 4.

La tensión entre los que sirven y los que están en liderazgo

Una de las bendiciones comprobadas de los proyectos para alcanzar ciudades es que convoca a algunas de las mejores personas del mundo. Son hombres y mujeres que aman al Señor, a la iglesia y a los perdidos. Detestan al diablo, y están dispuestos a pagar cualquier precio para ver que el reino de Dios llega a la ciudad. Sobre todo, son personas de una genuina humildad.

Sin embargo, al tener tanta humildad, deben mantenerse alertas porque es muy probable que el diablo no los tentará con orgullo; en su lugar, Satanás los tentará con excesiva humildad, lo que es orgullo inverso. El orgullo siempre se excede mientras que la excesiva humildad se queda corta, pero ninguno da en el blanco.

Vez tras vez he visto a un remanente fiel sucumbir ante la conspiración del diablo. Trabajan muy fuerte para preparar una mesa maravillosa; y cuando llega el momento de llamar a los invitados para que disfruten de lo que han preparado, en lugar de sentarse a la cabecera, colocan a otra persona en ese lugar. Muchas veces, la persona que ocupa el lugar es alguien *no* tan humilde y el programa para alcanzar a la ciudad termina siendo secuestrado y a menudo se arruina.

El mejor antídoto contra la excesiva humildad es reconocer que es orgullo disfrazado. Fundamentalmente, es una forma de temor del hombre, que nos expone a la maldición, porque "maldito el varón que confía en el hombre" (Jeremías 17:5). La necesidad de aprobación humana nos distrae del principio básico por el que los líderes no deben tanto aspirar a ser apreciados sino a ser respetados. La capacidad de tomar las decisiones correctas, sin importar el costo, es lo que generará ese respeto.

Jesús dijo, "Porque el que se enaltece será humillado, y el que se humilla será enaltecido" (Mateo 23:12). Si Dios te ha exaltado y te ha puesto en una posición de liderazgo, entonces debes hacer lo que Dios te ha equipado para hacer. Si el avión en el que estoy viajando está por aterrizar en medio de una feroz tormenta, yo no quiero que salga la voz del comandante por el altavoz diciendo, "¿Quién soy yo, un humilde siervo de Dios, para aterrizar este avión? Soy totalmente indigno. ¿Querría alguien más acercarse para tomar mi lugar?" ¡No! Lo que quiero y *espero* del capitán es que haga aterrizar al avión porque a él se le ha confiado la responsabilidad. Seguro que ustedes también querrían lo mismo.

Si el hombre tuviera que elegir, ninguno de nosotros sería el primer seleccionado para el trabajo en cuestión, siempre habrá alguien mejor calificado. Sin embargo, llegamos a ser la mejor opción el día que nos eligió Dios. Estamos calificados no por nuestros atributos personales, sino por el llamado soberano de Dios. Caminemos acorde a su llamado.

Carismáticos, conservadores y convencionales

Cuando de alcanzar a las ciudades se trata, Dios no favorecerá ni a los carismáticos, ni a los conservadores ni a los convencionales o históricos. Él utilizará a la iglesia, que está compuesta de muchas corrientes. Es fundamental saber *en todo momento* que se necesitará a la iglesia *entera* para presentar el evangelio *completo* a la ciudad *entera*. Cualquier cosa inferior a eso constituye sectarismo, y eso surge de la ignorancia o el desprecio a los dones de redención que han sido confiados a las otras corrientes. Los carismáticos traen a la mesa una conciencia única del Espíritu Santo y sus dones. Los conservadores guardan un profundo respeto por la Palabra escrita y por la reflexión teológica que surge de ella. Los convencionales poseen una profunda compasión por los pobres, los necesitados y los oprimidos. Ninguno de estos puede sostenerse solo, pero juntos, ejemplifican la llenura de Cristo en la iglesia.

Enfoque, alineación y cierre

De manera que ¿cómo sigue esto? ¡Hacia arriba y hacia delante! Además de los pasos desarrollados en este capítulo, los siguientes son tres componentes a tener en mente.

Enfoque

El enfoque del proyecto para alcanzar a la ciudad siempre debe estar claro y ser absolutamente no negociable: alcanzar tu ciudad a través del evangelismo de oración. Es preciso mantenerlo simple y constante. Con simple quiero decir que no le agreguemos nada; y con constante, me refiero a que lo hagamos ¡y no dejemos de hacerlo hasta que terminemos! Un obstáculo recurrente es que luego de un importante progreso en la ciudad, los líderes suelen ser bombardeados con ofertas de parte de ministerios poderosos, difíciles de ignorar que "se sintieron guiados a venir a la ciudad". Algunos de estos ministerios tienen algo que ofrecer, y otros no lo tienen. Si a estos últimos se les permite entrar y comprometer el enfoque de la iglesia, se frenará el proyecto y paulatinamente se detendrá.

Establezcamos el enfoque y mantengámoslo hasta que hayamos llegado al nivel 4 (véase la definición de una ciudad que ha sido alcanzada en el capítulo 5). No permitamos que *nada* nos distraiga.

Alineación

Hemos identificado cinco grupos de afinidad clave que deben desarrollarse y alinearse dentro del proyecto para alcanzar ciudades: los pastores, los intercesores, la juventud, los líderes del mercado y los líderes étnicos. Los pastores son los guardianes espirituales; los otros cuatro proveen caminos de entrada a la ciudad. Cada uno de estos grupos debe desarrollarse aplicando el proceso de siete pasos que se sugiere en este capítulo. Y una vez que se hayan desarrollado, deberán alinearse para lograr el máximo impacto. Durante grupos tienen que utilizarse como divisiones que se despliegan hacia adelante para atacar simultáneamente y destruir el perímetro de Satanás en toda la ciudad.

Cierre

Finalmente será necesario darle un cierre al proyecto. Esto puede parecer obvio, pero no resulta tan obvio cuando se va avanzando, particularmente si hemos tenido algún éxito inicial. Vez tras vez hemos visto a pastores satisfechos con saquear unas pocas tiendas ¡pudiendo haber tomado el campamento entero! Nunca deberían quedar satisfechos por alcanzar solo *una medida de crecimiento* en sus congregaciones. Cierre significa ver a la ciudad *entera* alcanzada y una cosecha inmensa amontonándose en las puertas. Cualquier cosa inferior a eso está por debajo de la línea de excelencia. Al comprometerse con una agenda, definiendo una fecha específica en la que habremos hecho esto y aquello, introduciremos un irreversible elemento de cierre.

Para que todos oigan

Permítanme desafiarlos a tomar la decisión de salir a conquistar su ciudad *ahora*. No tenemos nada que temer sino al temor mismo. Somos la luz de la ciudad porque Jesús dijo que éramos la luz de la ciudad (véase Mateo 5:14). La luz siempre vence a la oscuridad *si la quitamos de debajo de la cama*. ¡Vayamos a tomar nuestra ciudad hoy! ¿Qué es lo peor que puede suceder? ¿Qué no logremos alcanzar nuestra ciudad? Es mejor morir en el intento que vegetar escribiendo o leyendo libros acerca de por qué no se puede. Vayamos. Seamos como aquellos valientes de David, que arriesgaron sus vidas por un vaso de agua porque era para el rey. ¡Hagámoslo por el Rey de reyes! No escuchemos a los que anuncian el fracaso, que han confeccionado una lista de razones por las que no se puede realizar. En vez de eso, tomemos nuestro consejo de Dios y de *su* Palabra. A lo largo de este libro he destacado la palabra de Dios. Permitamos que la Palabra genere fe en nuestro interior ahora, ¡y avancemos!

A la carga. Hay una ciudad que espera oír la voz de Dios. *No importa* que seamos aquel soldado que conquista la ciudad y planta su bandera en el lugar más alto o el que lleva la bandera por un corto tramo hacia delante antes de caer bajo el fuego enemigo. Dios siempre estará complacido con un soldado que pelea hasta el fin. Vayamos. Hay millones esperando oír las buenas nuevas.

CAPÍTULO 10

¿ESTÁS LISTO?

Para ver transformada a nuestra ciudad o nación, tendremos que progresar a un mayor nivel de liderazgo. Será preciso asistir a la escuela de Dios para candidatos a oficial, en la que el diablo es el sargento de ejercicios.

Escribo este capítulo final en la ciudad de Manila, en Filipinas. Mi equipo y yo fuimos invitados por la Red de evangelismo de oración de Filipinas, una organización que está trabajando con líderes a nivel nacional y local para alcanzar a la nación para Cristo a través del evangelismo de oración.

El país está atravesando un momento difícil. Tropas guerrilleras mantienen al gobierno en jaque en el área de Mindanao. La economía nacional se ha desplomado y está a punto de colapsar. El hambre es cada vez más una realidad cotidiana para muchos de los que viven en esa bella nación. El presidente Joseph Estrada, se encuentra bajo un ataque interno y externo. En la tapa de su edición asiática, la revista *Time* mostraba a Estrada con un titular que decía: "Está hundido". La mayoría de los cristianos de Filipinas no votó por este presidente, ya que su campaña recibió el respaldo económico de uno de los principales cultos paganos de la región. Ha habido mucho cuestionamiento respecto a su carácter e integridad, y en este momento existe un sentimiento generalizado entre los creyentes filipinos de que Estrada no era la elección de Dios para liderar a la nación. Muchos de ellos creen que las aflicciones de la nación son, de hecho, un juicio de Dios sobre Filipinas. Sin embargo, después de que enseñamos respecto a la necesidad de orar por los que están en autoridad y a declarar paz sobre ellos, los líderes cristianos de la nación estuvieron de acuerdo en que era hora de bendecir al presidente de una manera tangible.

Se invitó a todos los presentes a escribir una bendición en un papel que luego se entregaría al presidente Estrada. El Señor se movió entre los 2.500 participantes de la conferencia, y muy pronto se armó una enorme pila de bendiciones escritas al lado de la plataforma. ¿Esto tendría algún valor? ¿El presidente lo notaría siquiera?

En menos de 24 horas, una ministra del gabinete estaba parada sobre la plataforma, aceptando el paquete de bendiciones. Ella nos agradeció y nos rogó que oráramos a Dios para que detuviera los ataques de las fuerzas demoníacas que estaban golpeando al país. Dan Belays, presidente de la Red de evangelismo de oración de Filipinas, pidió a los pastores que se reunieran alrededor de esta representante del presidente, y se hizo una poderosa oración. Se le pidió entonces a esta funcionaria del gobierno que le dijera al principal mandatario que Jesús estaba golpeando a la puerta del palacio presidencial, y que si el presidente le abría la puerta, Él entraría. Muy conmovida, accedió y nos pidió que orásemos para que cuando ella le transmitiese nuestro mensaje al presidente, él accediera a invitarlo a Jesús a entrar.

La mañana siguiente, tres miembros de la familia real llegaron a nuestro hotel para pedir oración, y todos ellos recibieron al Señor. Luego les indicamos cómo orar por el presidente a diario. El día que salí de Filipinas, recibí una invitación del mismo presidente Estrada para conversar sobre la oración en el palacio la próxima vez que me encontrara en Manila. Dios pudo llamar la atención de este hombre en eminencia porque un grupo relativamente pequeño de cristianos eligió obedecer el mandamiento de Dios y orar por aquellos en autoridad.

Estos cristianos ahora están decididos a ver que el reino de Dios llega a Filipinas. Han planeado conectar cada ciudad, pueblo y poblado por radio para encender a la nación con faros de oración. Este es un asunto serio.

Si tenemos esperanzas y sueños similares, tenemos que prepararnos para la venida del Reino. Déjenme comunicar algunos pensamientos finales y lecciones importantes que se deberán aprender y aplicar para ver a nuestras ciudades y naciones transformadas por el poder de Dios.

Más poder

Mi amigo Mike Richardson suele decir que la suya es "la teología más". Con esto quiere decir que no importa cuánto sepa acerca de Dios, siempre quiere saber más. Esta es una muy sana perspectiva. No importa cuánta teología estudiemos, siempre hay más para conocer acerca de Dios. Cada día necesitamos más de Él. Dios refrescó mi teología aquí mismo en Filipinas.

En horas tempranas de la mañana, antes de comenzar nuestro seminario en Manila, algo extraordinario sucedió en mi habitación de hotel. Me había ido a dormir la noche anterior después de un valioso y fructífero tiempo de oración con los líderes cristianos de la nación. Había escuchado maravillosos reportes de reconciliaciones entre pastores filipinos, de vecindarios que habían sido transformados y de tribus musulmanas del sur que habían sido impactadas por el evangelismo de oración. Los intercesores habían realizado caminatas de oración por el estadio en el que miles se reunirían al día siguiente para estudiar los principios capturados en un hermoso programa con una tapa a todo color que decía: "Enciende la nación por medio del evangelismo de oración". Ahora lleno de expectativa, estaba listo y ansioso por comenzar a enseñar. Antes de cerrar los ojos para dormirme, le había pedido a Dios que me diera una medida adicional de su presencia.

A las tres y veintidós de la madrugada desperté con la más maravillosa sensación de la presencia de Dios. Supe que Él estaba en la habitación. Lo podía sentir. Salí de mi cama y caí de rodillas, y con expectativa comencé a acercarme a su presencia en oración. De repente algo me detuvo. Había chocado con algo en el espíritu. Parecía una pared de vidrio transparente; yo estaba de un lado y la presencia de Dios estaba del otro. La pared de vidrio me impedía entrar más profundamente hacia su presencia.

Le pregunté a Dios por qué estaba allí esa pared, y este fue su muy aleccionador mensaje: *Edgardo, no tienes la sed suficiente para venir a las aguas a beber. Estás lleno de cosas buenas, sueños, ideas y esperanzas. Son buenas, pero bueno no son excelentes. Estás haciendo lo correcto pero no lo estás haciendo de la manera correcta. ¡No estás dependiendo de mí!*

Luego el Señor me llevó al capítulo 1 del libro de Hechos. Allí me mostró cómo los discípulos habían estado con Jesús, habían oído su voz, habían visto ángeles y estado en oración, y *todavía* no habían experimentado la llenura del poder del Espíritu Santo. Pero se sentían bien acerca de sí mismos, y decidieron hacer algo espiritual: llenar la vacante que había quedado por la partida de Judas. Leyeron las Escrituras y oraron, pidiendo la guía de Dios.

El Señor me dijo que yo estaba tratando de alcanzar las ciudades de la misma manera: yo conocía los principios bíblicos; había visto una buena cantidad de poder sobrenatural; había reunido un buen equipo; y estábamos en oración esperando que Dios nos guiara cada vez que dábamos con algún escollo. Pero no estaba dependiendo de Él por algo *nuevo*. No estaba hambriento de *más*. Tampoco estaba dispuesto a perder el control para que Dios pudiera tomarlo.

Me estaba alimentando de maná viejo (véanse Éxodo16:15-21; Juan 6:48-50).

Dios me dijo que cualquier persona puede ver sus manos; los siervos deben mirar las manos de sus amos cuando se les da una misión. Pero no todos pueden ver el rostro de Dios; Él elige mostrarlo solamente a aquellos que anhelan intimidad con Él. El Señor me indicó que yo estaba confundiendo su unción con su gloria. La unción se le puede otorgar a cualquiera con el fin de que cumpla sus propósitos en la tierra. Aun el sumo sacerdote que orquestó la crucifixión de Jesús fue ungido para profetizar: "que un hombre muera por el pueblo" (Juan 11:50). La gloria de Dios viene solamente cuando estamos desesperadamente sedientos (véase Juan 7:37-39); entonces venimos a Jesús y bebemos en santa desesperación.

Edgardo, no estás lo suficientemente sediento. Al igual que Pedro y los discípulos, sabes lo que dicen las Escrituras. Has podido entender lo que hay que hacer, y estás haciendo lo mejor que puedes. Vienes a pedir mi guía cuando estás atascado en algo. Pero eso no es suficiente. Tienes que experimentar la llenura del poder del Espíritu Santo. Precisas que un estruendo te haga salir de la seguridad del aposento alto. Debes ser purificado por lenguas de fuego sobre tu cabeza. Tienes que ser impactado por mi Espíritu al punto de que no tengas temor de perder tu propia dignidad humana y postrarte en el piso.

Ahora comprendía por qué estaba allí la pared de vidrio.

Unas horas más tarde esa mañana me reuní con el equipo, y corporativamente confesamos nuestra pobreza espiritual, clamando a Dios por misericordia. Guardé las notas que tenía preparadas para la primera sesión. En lugar de eso, al pararme delante de ellos les hablé de la visitación, y nos postramos todos delante de Él, clamando por un nuevo Pentecostés. De esa primera sesión vino la clara guía de que debíamos alcanzar al presidente Estrada con bendiciones. Si en vez de esto yo hubiera enseñado lo que correspondía según el programa, muy probablemente hubieran ocurrido algo bueno. Pero *bueno* no es lo *mejor*. Porque clamamos a Él, Dios nos llevó hacia algo extraordinario, ¡una movida que tiene el potencial para transformar el palacio presidencial en un faro de oración!

Vaciémonos de toda cosa buena que tengamos para que Dios nos pueda dar lo mejor. Solo Él es capaz de proveer verdadera excelencia. No podemos alcanzar a nuestra ciudad alimentándonos del maná de ayer. Necesitamos maná nuevo cada día. Los libros, las notas, los milagros de ayer, todo no es más que maná viejo. Tenemos que suscribirnos a la "teología más". Para esto, debemos entregar el control y vivir en un constante estado de asombro, como lo hicieron los discípulos en la iglesia primitiva. Ellos no sabían qué traería cada nuevo día hasta que se reunían nuevamente con Dios y Él se los revelaba. Podemos alcanzar una ciudad confiando en la unción, pero no veremos la gloria de Dios si no tenemos sed de Él. Comencemos a adherir a la "teología más": ¡más de Jesús cada día!

Escuela de Dios para candidatos a oficial

Si estamos soñando sueños grandes, como ver a nuestra ciudad y nación transformadas, nos estamos posicionando para un mayor nivel de liderazgo. Aunque no lo digamos audiblemente, en lo más profundo de nuestra alma tenemos este sentir de que debemos liderar a otros. Puede que nos resulte difícil verbalizarlo porque los líderes piadosos son personas con humildad. Dios nos ha permitido liderar en diferentes aspectos hasta ahora; pero para ver nuestra ciudad o nación transformadas, deberemos progresar hacia un nivel de liderazgo mayor. Tendremos que asistir a la escuela de Dios para candidatos a oficial, en la que el diablo es el sargento de ejercicios. Permítanme mostrar esto en las Escrituras.

En Lucas 22:24, leemos acerca de una controversia entre los discípulos respecto a cuál de ellos sería el mayor. ¿Cuál imaginamos que habrá sido la participación de Simón Pedro durante esa discusión? ¿Lo vemos sentado calladamente en un rincón, leyendo del libro de Isaías mientras ora por sus hermanos más inmaduros? ¿O lo suponemos informándoles a los otros once que el único puesto disponible es el de número dos, ya que claramente él sería el número uno? Con toda seguridad todos consideramos que esto último estaría más acorde a la personalidad de Pedro.

Jesús respondió primeramente dirigiéndose a todos los discípulos para explicarles cómo funcionaba el reino de Dios. Gentilmente les prometió tronos, afirmando su deseo de mayor liderazgo (v. 30). Pero luego desvió su atención, de los doce hacia el gran pescador, Pedro:

> Simón, Simón, he aquí Satanás os ha pedido para zarandearos como a trigo; pero yo he rogado por ti, que tu fe no falte; y tú, una vez vuelto, confirma a tus hermanos (Lucas 22:31, 32).

Jesús señaló a Pedro aquí, diciéndole que para liderar él debía asistir al campo de entrenamiento de oficiales. "Serás despojado de todo menos de tu fe, la que yo te preservaré", es en esencia lo que Jesús le estaba diciendo. "Terminarás por encaminarte en rumbo errado Pedro; pero cuando te vuelvas, serás líder para tus hermanos. Pero no hasta que te hayas graduado como oficial".

La cualidad más destacada de Pedro era su lealtad. Por lo que, su mayor temor podría haber sido el de ser hallado desleal. Y eso es exactamente lo que sucedió: Negó al Señor (véase Lucas 22:54-62). Pedro lloró amargamente pero eran lágrimas purificadoras, que lavaban todo vestigio de autoconfianza. En esa noche fatídica, Pedro llegó al fin de sí mismo y comprendió que no podía servir al Señor, ni liderar a sus hermanos en lo natural.

Pensó que estaba acabado; pero cuando volvió, Pedro se encontró con que el Señor había preservado su fe. Ocurrió unas pocas semanas después cuando, después de toda una noche de tratar en vano de obtener una pesca, reconoció al Señor resucitado llamándolo desde la orilla (véase Juan 21:7). Pedro saltó del barco y nadó al encuentro de Jesús para recibir la bienvenida y luego disfrutar del desayuno que Él le había preparado.

Si hemos de liderar, Dios necesita despojarnos de todo vestigio de autoconfianza, porque la autoconfianza se interpone entre nosotros y nuestra total dependencia de Él. Para esto Dios permite que el diablo entre como furiosa inundación. Aquello que más temor nos provoca es lo que Él permite que ocurra, y nos hundimos a lo más profundo del océano de nuestros temores, de modo tal que cuando el brazo de Dios se extienda desde lo alto para levantarnos de allí, conozcamos que es su poder el que cuenta y no el nuestro.

El temor solo puede asustarnos en tiempo futuro. Cuando nos decimos cuánto nos asusta que acontezca tal o cual cosa, somos más vulnerables porque estamos viviendo en el presente emocional una situación que solo puede ocurrir en el futuro y, por lo tanto, se encuentra fuera de nuestro control. Cuando aquello que tememos ocurre, finalmente podemos hacer algo al respecto en lugar de solo preocuparnos. Ni Dios puede arreglar una situación que no existe. Solo cuando ocurre aquello que temíamos Él puede ocuparse al respecto.

La vasija debe estar rota para que el alfarero divino pueda rehacerla, y Él la hace de nuevo acorde a su voluntad. El poder de la resurrección requiere primeramente una muerte. Dios permite que el diablo la ocasione para que el Señor nos pueda resucitar en la llenura de su poder en lugar del nuestro.

No le temamos a la lucha. Al final venceremos porque el Señor preservará nuestra fe. No temas ser herido; esas heridas se convertirán en un recordatorio de la fidelidad de Dios. Quizás tengamos que pasar por situaciones que, a los ojos del transeúnte, nos presenten de una manera poco satisfactoria para nuestro orgullo. Pero recordemos, aunque algunas personas despreciaban a Jacob porque tenía una renguera, solo Jacob conocía lo que era haber luchado con un ángel y haber vencido.

Si queremos ver nuestra ciudad transformada, tendremos que levantarnos en liderazgo. Y para hacerlo, deberemos ser zarandeados como trigo por el sargento de ejercicios de Dios. Démosle la bienvenida a cada prueba que llegue porque está diseñada para fortalecernos al llevarnos hasta los límites de nosotros mismos y luego conducirnos a los brazos de aquel que tiene palabras de vida eterna. Cuando emerjamos, podremos mirar al diablo directamente a los ojos hasta hacerlo pestañear. Habremos ido al infierno y regresado, habremos aprendido que no hay ningún poder en ese oscuro lugar que sea capaz de oponerse al poder de la resurrección que ahora opera en nosotros.

Solo importa Jesús

Cuando las multitudes aparecieron sin aviso, los discípulos le pidieron a Jesús que las despidiera. En lugar de eso, Él las alimentó, y envió a los discípulos que se adelantaran en el barco mientras Él despedía a la multitud (véase Mateo 14:14-22). Esa noche, mientras Jesús oraba solo en el monte, los discípulos se encontraban en una tormenta en el mar, "azotada por las olas; porque el viento era contrario" (v. 24). Entonces, en la hora más oscura de la noche, Jesús vino a ellos andando sobre las aguas; pero en lugar de animarse con esto, los discípulos "se turbaron, diciendo: ¡Un fantasma! Y dieron voces de miedo" (v. 26).

Es triste. Que Jesús caminara sobre las mismas aguas que los tenían amenazados debería haber sido un espectáculo poderoso y reconfortante para los discípulos. ¿Por qué no reconocieron a su Señor?

Porque se habían caído por la escalera mecánica del temor. Primero, tuvieron temor, un estado subjetivo. Esto significa que sintieron temor dentro de ellos. Pero exteriorizaron su temor cuando hablaron colectivamente diciendo: "¡Un fantasma!" y el pánico se apoderó de ellos, haciendo que hombres grandes gritaran como bebés asustados. Estos eran marineros experimentados que habían pescado de noche desde su niñez. ¿Por qué entonces estaban en este estado lastimoso? Porque tomaron consejo de sus temores.

El temor siempre es mal consejero. Si queremos alcanzar ciudades, nunca debemos escuchar a nuestros temores. Y más importante aún, no permanecer cerca de aquellos que verbalizan *sus* temores. Hay una poderosa química espiritual que se activa al declarar con nuestras bocas aquello que hemos elegido creer en nuestros corazones, ya sea la fe que nos salva o el temor que nos hunde. Cuando las personas permiten que su susto se convierta en temor confesado, se instala el pánico. La diferencia que existe entre un cobarde que huye y un héroe que se queda es mínima. El cobarde mira su susto, toma consejo de él y corre. No es que el héroe no sienta temor; simplemente se niega a tomar consejo de sus temores y elige permanecer firme.

¿Entonces cómo ministró Jesús a sus discípulos? Les dijo tres cosas (v. 27):

1. "Tened ánimo". En otras palabras, cambien de actitud. Elijan enfrentar el problema, en lugar de huir de él.
2. "Yo soy". Esta es la realidad sobre la que debe basarse nuestra fe.
3. "No temáis". Una vez que nuestra actitud ha cambiado y hemos aceptado el hecho de que Jesús está con nosotros, es muy normal que dejemos de temer.

Por lo general, lo primero que les decimos a las personas que tienen miedo es que no tengan temor. Esto rara vez las ayuda porque el temor es una emoción que paraliza a la voluntad. En lugar de esto, debemos hacer lo que Jesús les dijo a los discípulos que hicieran:

Cambiar de actitud. Esta es una decisión que uno puede tomar en cualquier momento, no por acción de la psicología sino porque Jesús está a nuestro lado. Nunca nos dejará ni nos desamparará (véase Hebreos 13:5). Él señorea sobre el problema que nos está golpeando.

Pedro finalmente reconoció esto, y se animó a salir del barco y caminar él mismo sobre el agua si el Señor daba la palabra. ¿A qué distancia estaba Pedro de Jesús cuando comenzó a hundirse? No demasiado lejos, ya que Jesús pudo estirar su mano y tomar a Pedro (véase Mateo 14:31). A través de la historia de la humanidad, muchas de las grandes derrotas ocurrieron a pocos minutos o a centímetros de la victoria. Hombres valientes se entregaron y cayeron derrotados cuando podrían haber sido coronados de victoria, de haber persistido tan solo un poco más.

Cuando los británicos se rindieron en Singapur durante la Segunda Guerra Mundial, el comandante japonés reprendió a sus enemigos caídos, diciéndoles que si hubieran luchado tan solo unas pocas horas más, él habría sido el que se hubiera rendido. A él se le estaban a punto de acabar las municiones y los víveres; cuando los británicos aún tenían bastante de ambas cosas.

Como dijimos al comenzar este capítulo, muchas veces estamos más cerca de la victoria de lo que el enemigo quiere que sepamos. El éxito y el fracaso de Pedro sobre el agua nos lo ilustran. Con un mínimo de fe le dijo a Jesús: "Señor, si eres tú, manda a que yo vaya a ti sobre las aguas" (v. 28). Pedro no iba a tomar ningún riesgo; y le pidió al Señor que lo *hiciera* ir. Y le fue muy bien hasta que se enfocó en el viento.

Es importante observar que lo que hundía a Pedro no eran las olas que golpeaban el barco sino el viento (véase Mateo. 14:30). Esto es destacable por dos motivos. Como pescador experimentado, Pedro estaba en su elemento. Conocía las características del agua y cómo tratar con las olas. Pero con el viento era distinto. Pedro sucumbió a causa de su incapacidad de manejar algo que excedía su área normal de pericia.

Esto suele ocurrir con los cristianos hoy en día. Es por esto que debemos aprender a caminar por fe en nuevas áreas. El maná de ayer no sirve para hoy. Dios permitirá que el diablo nos saque de nuestra zona de capacidad natural para que a través del fracaso en lo natural, aprendamos a confiar en Dios en lo sobrenatural.

La segunda razón por la que Pedro comenzó a hundirse tenía que ver con su propio objetivo. Casi había alcanzado a Jesús cuando comenzó a hundirse. ¿Por qué le habrá ocurrido esto cuando ya estaba tan cerca del Señor? Porque la meta final de Pedro no era estar cerca de Jesús sino llegar a la costa. Sabemos esto porque la Biblia dice que "el viento era contrario" (v. 24), lo que significa que el viento soplaba alejándolos de la costa, el lugar al que se dirigen los marineros cuando están atrapados en una tormenta. Pedro se comenzó a hundir cuando *vio* el viento (véase v. 30). No se puede ver el viento sin un marco de referencia, que para Pedro tenía que ser la línea de la costa. Pedro se hundía porque su objetivo era llegar a la costa, no estar con Jesús.

Alcanzar a una ciudad para Cristo es importante, pero palidece en comparación a acercarse a Jesús. Nuestro objetivo no puede ser alcanzar una ciudad; debe ser la intimidad con Jesús. Si hemos de caminar sobre las aguas, no debería ser para mostrar nuestra fe sino para acercarnos más a Él. Alcancemos o no a una ciudad, el impulso de nuestra pasión tiene que ser la intimidad con el Señor.

Si nos acercamos a Jesús, lo traeremos a Él al barco, el viento se detendrá, y los que estaban paralizados por el temor declararán, "Verdaderamente eres Hijo de Dios" (v. 33), bastante mejor que considerarlo "¡un fantasma!" Mejor todavía, el barco no regresará a la costa de la que zarpamos sino que, en vez, se cruzará hasta Genesaret, el lugar del que casi nos alejamos cuando dimos con la tormenta. Y las personas allí tocarán a Jesús y todos los que lo toquen serán sanados (véanse los vv. 34-36).

¿Puedes imaginarte cuán distinto hubiera resultado si los discípulos, con su conocido desagrado por las multitudes, hubieran llegado a

Genesaret antes que Jesús? Quizás hubieran despedido a la gente o hubieran permitido que solo unos pocos vieran a Jesús. En lugar de esto, a causa de la tormenta, aprendieron una valiosa lección y arribaron a Genesaret para ver a las personas y a una región transformadas.

Esta es la belleza de las pruebas. Nos obligan a cambiar nuestras cosas buenas por su excelencia. Nos enseñan a enfrentar al diablo en el poder de Dios al reconocer que nuestro poder es inútil. Pronto aprendemos que solo podemos vencer al adversario en el poder de la resurrección hecho real por la fe que Jesús nos preservó. Y cuando todo haya acabado, sabremos que lo único que importa es Jesús. No es lo que nosotros hacemos por Él. Es Él. Solo Él.

Cuando finalmente estemos de pie delante del trono de justicia de Cristo, cada uno de nosotros estará allí solo. Ningún otro tomará nuestro lugar cuando llegue nuestro turno de estar frente al Señor. Ningún otro cristiano, ningún otro pastor, ningún otro que haya alcanzado ciudades, solo Cristo y yo. Es mi deseo, y oro que también sea mi ambición, que ese día yo sea atraído a Él por el deseo consumidor de abrazar a aquel que me abrazó a mí cuando yo estaba perdido; que este deseo eche tales raíces en mí que cuando Él revise la lista de aquello por lo que tiene contentamiento en mí, yo quede tan perplejo como los justos que se describen en Mateo 25:37-40 que hicieron tanto por Jesús sin darse cuenta.

¿Cómo puede una persona dar de beber al sediento, dar de comer al hambriento y visitar a los encarcelados, y no darse cuenta de que le está haciendo todo eso a Jesús? Porque cuando estamos tan enfocados en Él y solo en Él, las acciones no importan. Estar con Él es lo que cuenta, y cuando estamos con Él, apasionadamente enamorados de Él, siempre cuidaremos de aquellos a los que Él vino a buscar y a salvar.

Si estamos tan enfocados en Jesús y solo en Él, la tormenta que nos rodea se calmará, y las multitudes confesarán que verdaderamente Jesús es el Hijo de Dios. No lo harán por nuestra pericia, sino por nuestra dependencia de Él.

Hagamos de Jesús nuestra única pasión consumidora. Así, y solo así, estaremos preparados para ver transformadas nuestras ciudades.

Para contactos:

Tel:
1-800-835-7979
+408-927-9052

Email:
edsilvoso@transformourworld.org

Sitio web:
www.transformaralmundo.org

CPSIA information can be obtained
at www.ICGtesting.com
Printed in the USA
LVHW080529200322
713876LV00009B/403

9 781495 127151